产业振兴视角下的农业品牌建设战略研究

——以新疆维吾尔自治区为例

◎ 周向阳 著

中国农业科学技术出版社

图书在版编目(CIP)数据

产业振兴视角下的农业品牌建设战略研究：以新疆维吾尔自治区为例／周向阳著．--北京：中国农业科学技术出版社，2022.11
ISBN 978-7-5116-6015-2

Ⅰ.①产… Ⅱ.①周… Ⅲ.①农产品-品牌战略-研究-新疆 Ⅳ.①F327.45

中国版本图书馆 CIP 数据核字(2022)第 221231 号

责任编辑	穆玉红　李　娜
责任校对	马广洋
责任印制	姜义伟　王思文

出 版 者	中国农业科学技术出版社
	北京市中关村南大街 12 号　　邮编：100081
电　　话	（010）82105169（编辑室）　　（010）82109702（发行部）
	（010）82109709（读者服务部）
网　　址	https://castp.caas.cn
经 销 者	各地新华书店
印 刷 者	北京建宏印刷有限公司
开　　本	170 mm×240 mm　1/16
印　　张	7.5
字　　数	140 千字
版　　次	2022 年 11 月第 1 版　2022 年 11 月第 1 次印刷
定　　价	45.00 元

◆版权所有·翻印必究◆

目 录

第一章 农业品牌的基本理论框架……1
  一、导言……1
  二、农业品牌概念……7
  三、乡村产业振兴视角下的农业品牌建设理论框架……14

第二章 支持农业品牌建设的产业政策……18
  一、农业品牌建设的国家产业政策体系……18
  二、新疆农业品牌建设的产业政策体系……20

第三章 乡村产业振兴视角下的农业品牌建设评价——以新疆为例……25
  一、新疆农产品建设的产业基础和优势……25
  二、新疆加快农业品牌建设基本特征与发展趋势……28
  三、新疆农产品品牌发展的现状……35
  四、新疆农产品品牌建设中存在的主要问题……39

第四章 乡村产业振兴视角下农业品牌建设的典型案例……41
  一、乌鲁木齐市农业品牌建设案例分析……41
  二、昌吉回族自治州农业品牌建设案例分析……44
  三、伊犁哈萨克自治州农业品牌建设案例分析……49
  四、阿克苏地区农业品牌建设案例分析……55
  五、和田地区农业品牌建设案例分析……62
  六、阿拉尔市农业品牌建设案例分析……67
  七、新疆生产建设兵团农业品牌建设案例分析……71

第五章　农业品牌建设的国外经验借鉴 ······ 77
一、日本 ······ 77
二、新西兰 ······ 83

第六章　"互联网+"时代农业品牌建设路径重塑 ······ 86
一、"互联网+"时代的品牌建设框架 ······ 87
二、"互联网+"时代的农业品牌建设的典型案例 ······ 89
三、"互联网+"时代的农业品牌建设面临的机遇与挑战 ······ 92
四、西部地区自身建设农业品牌所面临的困境 ······ 95
五、"互联网+"时代的新疆农业品牌建设路径选择 ······ 98

第七章　新疆农产品品牌建设的战略选择与政策建议 ······ 102
一、加大投入，以政府力量引导整合品牌 ······ 102
二、加强市场主体在农业品牌建设中的积极作用 ······ 105
三、创新品牌建设方法 ······ 107
四、加快滞后区域农产品品牌建设 ······ 109
五、运用新手段强化农产品品牌经营 ······ 110
六、加快兵团农产品品牌建设的政策建议 ······ 112

参考文献 ······ 114

第一章　农业品牌的基本理论框架

一、导言

(一) 研究背景

当前,我国国民经济迈进新时代,正从"数量追赶型"增长向"质量追赶型"增长转变。我国农业部门也正处于转型升级的重要时期,一方面,加大农业供给侧结构性改革,调整农业生产结构,优化布局,另一方面,积极推动农业高质量发展,实施质量兴农、绿色兴农、品牌强农的战略。党的十九大报告中提出乡村振兴战略,实施乡村振兴战略是决胜全面建成小康社会、全面建设社会主义现代化国家的重大战略部署,是新时代"三农"工作的总抓手。从乡村振兴的实施内容来看,产业兴旺是乡村振兴的基础和重点,乡村振兴重在产业兴旺,推动产业兴旺,需要推进农业绿色化、优质化、特色化、品牌化发展。

我国自1993年确立社会主义市场经济体制以来,社会经济活动对品牌战略的重视程度日益增高。2017年,国务院批复自2017年起,确立每年5月10日为"国家品牌日"。发挥品牌影响力,扩大自主品牌消费,宣传知名自主品牌,讲好中国品牌故事,提高自主品牌影响力和认知度,进一步发挥品牌在产业发展、经济社会建设等多个方面的引领作用。

从农业品牌的建设和发展历程来看,品牌概念不断拓展,延伸到区域品牌概念,得到理论和实践广泛重视,并渗透到农业领域形成"农产品品牌""农业企业品牌""农产品区域品牌"等概念。"农产品品牌"突出了农产品的产品质量和特色,"农业企业品牌"突出了开展农业生产和加工的龙头企业的整体形象。"农产品区域品牌"与地理标志农产品概念有一定联系与区别,内涵上涉及品牌理论的深化,后者则更突出商标和知识产权属性。农产品区域公用品牌是农产品品牌的一种重要类型,是指在特定区域内相关机构、企业、农户等所共有的,在生产地域范围、品种品质管理、品牌使用许可、品牌行销与传播等方面具有共同诉求与行动,以联合提供区域内外消费者的评价,使区域产品与区域形象共同发展的农产品品牌。为了引导农产品区域品牌不断壮大发展,主管部门不断出台政策扶持,以农业农村部为例,近几年开启了"中国百强农产品区域公用品牌评选活动",通过争优创先的方式引导各地积极创建宣传农产品区域公用品牌。"农产品品牌""农业企业品牌""农产品区域品牌"三类品牌统称为农业品牌。

(二) 研究意义

本研究具有理论和现实双重意义。从理论上来看,本研究将农业品牌置于乡村产业振兴的视角,同时在农业品牌的关注重点上不仅侧重在产品品牌、企业品牌,也更加关注区域品牌。从现实意义来看,当前企业、专业合作社、行业协会、农民生产者亟需在农业品牌建设上进行有效投入,本研究的研究结论将有助于这些市场主体优化农业品牌建设的微观行为。同时,本研究对各级政府部门推动培育农业品牌建设的产业环境起到一定的指导。

1. 理论意义

本研究的理论意义主要体现在如下三点。

第一,本研究可以进一步丰富和完善农业品牌相关理论探讨。目前,农业品牌理论已经成为国内外学术界十分热门的一个研究领域。国外相关研究成果数量增长较快,不仅引起经济管理类学科的关注,还引起了其他学科的重视和兴趣,呈现出一定的学科交叉特征。国内近年来关于农业品牌的跟进研究也进展较为迅速。本研究是一个农业品牌相关理论具体化的过程,通过分析农业品牌的概念辨析、理论基础和形成机理等内容设计对区域品牌理论进行深层次的探讨,提供新的视角、新的观点及新的佐证。

第二,本研究将补充完善农产品品牌理论研究。农产品品牌是推动农业产业化发展的重要内容,体现了农业要转型发展并适应现代市场经济的要求,通过构建品牌、提升品牌资产、完善品牌战略,强化农产品市场形象,有效促进企业增加经营利润和农民增收。国内外农产品品牌理论研究表明,区域内的农产品品牌存在一定的竞合关系,如何加快产业集聚整合农产品品牌已经成为紧迫性问题，然而从区域品牌的角度来看，农产品品牌整合问题恰恰是农产品区域品牌要加以关注和解决的问题。本研究以农产品区域品牌理论以及农业发达国家和地区的实践经验为视角加以分析解构，能够进一步丰富农产品品牌理论。

第三，本研究是对当前推动中国农业品牌提供理论辅导和实践经验借鉴，具有较强的现实意义。围绕农业品牌的完善、区域乡村农业产业集群、区域内农业企业管理调整等提出一系列重要的提升策略，对推动政府加快扶持农业品牌建设发展起到积极的理论导向作用。

2. 现实意义

研究乡村产业振兴背景下新疆加快农业品牌建设具有重要的现实意义。特别是党的十九大提出了实施乡村振兴战略，对于新疆维吾尔自治区（以下简称为新疆）现代农业发展起到了重大的关键作用，具体来说，包括如下三个方面。

第一，有利于促进农业高质量发展。农产品品牌建设有利于促进农业高质量发展。当前我国农业正处于供给侧结构性改革发展阶段，品牌建设是促进农业产业结构的优化的重要战略选择之一，能够促进农业高质量发展，有利于提高农业的生产效率，完善农业生产体系和提高农业劳动力人才的素质。2019年，国家7部委制定了《国家质量兴农战略规划（2018—2022年）》。在这份规划当中，将"培育提升农业品牌"作为重要措施，政策措施的着力点是构建农业品牌体系、完善品牌发展机制、加强品牌宣传推介、打造国际知名农业品牌。2021年，新疆农林牧渔业总产值已经超过了5 100亿元（图1-1），达到较大规模，面临转型升级的压力。因此，加快品牌建设，是促使新疆农业高质量发展的重要推动力量。

第二，有利于促进农村一二三产业融合。新疆农产品品牌建设有利于促进农村一二三产业融合发展，农村一二三产业融合发展，是现代农业发展的典型特征，产业融合发展的重要价值在于提升了农业产业的附加值提高了农民的收入水平，产业融合通过集聚创新要素、技术渗透等多种方式，促进了产业升级、新生产方式开发，形成了新的商业模式。从新疆农林牧渔产值的变化趋势来看，2021年，新疆农业总产值达到近5 000亿元，比2002年增长8.62倍（图1-2），为一二三产业融合发展提供了良好的基础。

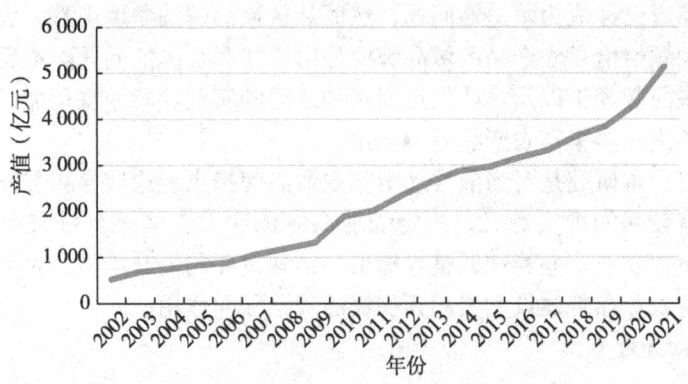

图 1-1　新疆农林牧渔业产值历年变化

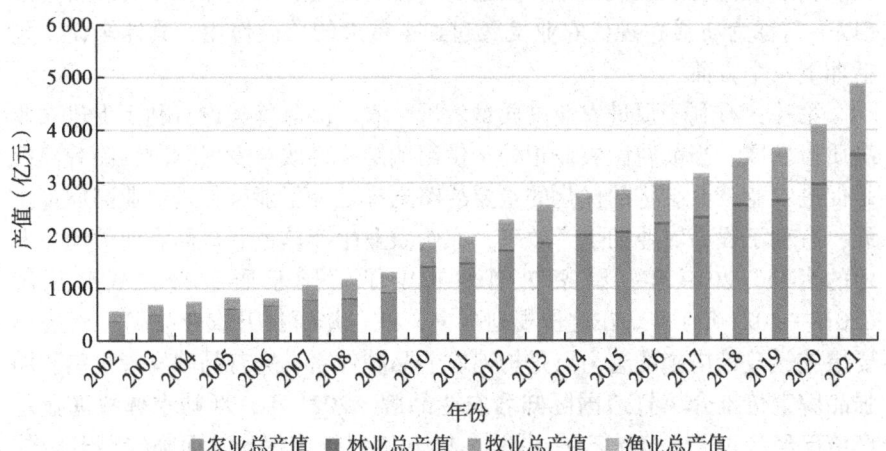

图 1-2　新疆农业、林业、牧业和渔业产值历年变化

第三，有利于促进农民增收。从图 1-3 中可以看出，新疆农村居民人均可支配收入从 2002 年的 1 914 元上升到 2021 年的 15 575 元，增长了 7.14 倍。新疆农民收入呈现出持续增长的趋势。这是实施乡村振兴战略，以及实现农业现代化的重要目标和根本出发点。农产品品牌建设，将促进产品的价值的提高，促进了农民收入效益，经营性收入水平提高扩大了企业的附加值，带动了农民就业，从而提高了农民的收入。

第四，有利于加快乡村振兴实现。乡村产业振兴是乡村振兴的重要组成内容，并居于首位。国外经验表明，农业发展，已经从追求产量，向追

第一章 农业品牌的基本理论框架

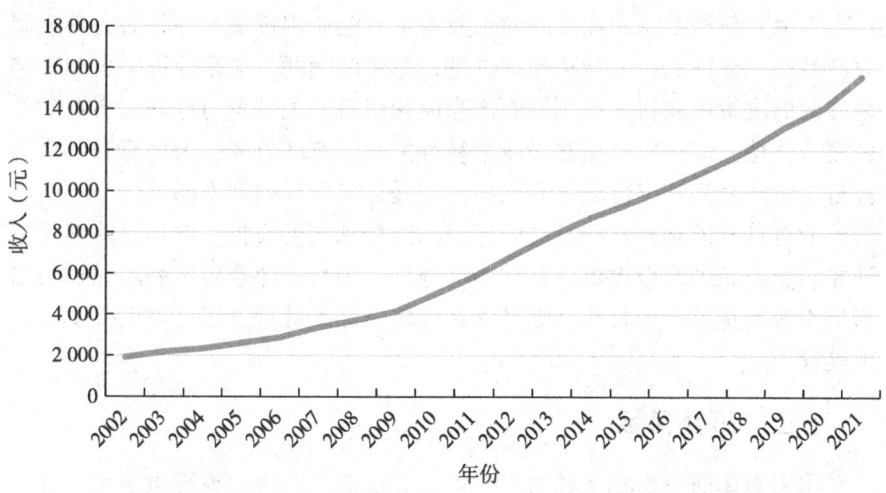

图1-3 新疆农村居民人均可支配收入

求质量和效益的方式进行了转变,并实现了农业竞争力的根本性提升。乡村振兴是乡村全面振兴,包括产业振兴,人才振兴,文化振兴,生态振兴和组织振兴。农产品品牌建设为乡村振兴提供了新的动力,通过品牌的建设,可以提高产业的知名度和影响力,强化农产品生产基地的生态条件的维护和改善,完善农业经营组织的经营管理模式和方式,进一步培养农产品营销队伍和农小品人才,形成良好的农业文化和农耕文化,开发当地的特色农业文化和品牌文化。

第五,有利于巩固扶贫攻坚成果。新疆在2020年之前就采取措施加强扶贫攻坚工作的有序开展,促进新疆深度贫困地区脱贫,促使贫困群众脱贫。2021年,新疆积极推动巩固拓展脱贫攻坚成果同乡村振兴有效衔接,进一步促进脱贫农民群众收入增长。新疆通过壮大优势特色产业,以南疆四地州为重点,打造棉花(棉纺织)、葡萄及葡萄酒等产业,扶持农业产业化龙头企业,在每个易地搬迁集中安置区至少有一项稳定增收主导产业,培育脱贫地区知名品牌,完善联农带农利益联结机制,有效巩固脱贫成果(关俏俏,2022)。脱贫地区加快新疆农产品品牌建设,通过互联网+、电子商务平台,及时挖掘贫困地区有价值的特色农产品,并培育特色产业的规模化发展,有利于促进新疆农户参与产业发展脱贫,促进贫困地区通过产业致富。

本书对新疆推动农业品牌建设具有良好的应用价值。一是为完善新疆农产品品牌建设的政策与法规提供理论思考和判断。二是促进中央和新疆地方政府决策机构将重点围绕农产品品牌建设的关键着力点开展有针对性的政策扶持，促进农产品建设政策精准发力，有的放矢，为培育和壮大新疆自主农产品品牌提供支撑和保障。三是针对新疆内部不同地区、不同类型产业有针对地选择农产品品牌建设的路径和制度安排。特别是能够为当地龙头企业品牌建设提供思路和指导意见，为行业协会做好品牌保护与监管提供参考意见，为合作社在品牌建设队伍和品牌理念树立方面提供必要的辅导。

（三）研究目标

本书总体研究目标是通过对农业品牌概念的产生、发展以及相关理论的总结和归纳，总结出农业品牌的理论演变，提出农产品区域公用品牌的基本理论框架体系，并结合农业发达国家和地区的实践经验进行分析和理论验证。

本书的具体目标包括四个方面。一是总结农业品牌相关概念辨析，总结农业品牌理论最新的发展，丰富品牌理论；二是总结区域品牌理论、产业集群理论、管理学理论等，汲取这些理论的营养，丰富和完善当前农业品牌理论，提出农业品牌的基本理论框架体系；三是按照日本、新西兰等农业发达国家的农业品牌建设实践经验分别进行总结和剖析，根据农业品牌理论框架，对上述地区的农业品牌建设历程、典型案例、政策体系、产业组织保障进行综合分析，对理论框架进行必要的实证；四是总结当前新疆农业品牌建设发展的经验和有益启迪，提出促进农业品牌建设发展、不断完善的政策建议。

（四）研究方法

本书综合采取文献分析、案例分析、统计分析等多种分析方法，研究农产品区域公用品牌的理论演进过程和国际经验。

一是文献分析法。对农业品牌相关学术概念、定义和理论进行整理，包括品牌理论、市场营销理论、农产品品牌理论、区域品牌理论等，以及经济学和管理学相关理论。

二是案例分析法。对农业发达国家农业品牌建设的政策设计、推动主体、品牌宣传策略、品牌市场效应等方面进行剖析,总结其成功与失败的原因和启示。对新疆农业品牌建设案例进行搜集整理,开展案例分析。

三是统计分析法。对农业品牌相关的理论研究成果和文献进行统计分析,反映最新研究动向和趋势;对农业发达国家的农业品牌建设、新疆农业品牌建设的基本成效、数量规模、资金投入、组织配套建设情况进行必要的统计分析。

(五) 研究特色与主要创新点

本研究主要围绕当前我国新疆实施乡村振兴战略、促进产业兴旺过程中,农业品牌建设的突出问题,如何运用在乡村产业振兴的背景下更好促进农业品牌建设开展研究,为提出科学解决方案提供理论依据。创新点包括如下两个方面:一是本研究尽可能充分搜集整理国内外关于农业品牌相关的前沿理论,分析提炼了关于促进农业品牌发展的基本框架体系;二是基于对新疆农业品牌建设经验、典型案例、政策体系、产业组织等为基础,对农业品牌的基本理论框架进行必要实证,总结对中国农产品区域品牌建设和发展有益的经验和启示。

二、农业品牌概念

(一) 品牌相关概念

1. 产品品牌

美国现代营销思想家菲利普·科特勒 (Philip Kotler) 在其经典著作《营销学原理》中提出,品牌"是一个名称、辞藻、符号象征 (或者三者的组合) 用于区分产品厂商或经销商。"美国市场营销协会 (American Marketing Association) 对品牌的界定"品牌是一种名称、术语、标记、符号或设计,或是它们的组合运用,其目的是借以辨认某个销售者或者某群销售者的产品或服务,并使之与竞争对手的产品和服务区别开来。"美国品牌专家 Al Ries & Laura Ries (2002) "什么是打造品牌?一个打造品牌的策划应当能把你的奶牛从同一个范围内的其他奶牛中区别出来,即使在同一范围内所有的牛看起来都极为相似"。随着学者的深入探索,品牌研究领域的内容不断丰富和深化。

2. 企业品牌

在既有的品牌理论框架下，随着研究的深入，品牌概念内涵不断延伸和拓展，如涌现了企业品牌、组织品牌、个人品牌等理论。对于企业品牌而言，企业品牌是以企业名称作为品牌进行宣传推广。企业自身的产品和服务的质量、企业的信誉、企业的文化等因素影响企业品牌的价值和知名度。企业品牌的壮大发展能够带给产品品牌发展动力，形成关联，构成丰富的品牌资源。我国农业企业化经营起步相对农业发达国家较晚，从20世纪90年代开始，我国才发展培育出有真正意义上的现代农业企业。通过多年努力，在农业企业品牌方面取得一定的成效。很多国有农业企业，例如中粮集团、中储粮集团、中纺集团、蒙牛乳业集团等涌现出来，也有大量民营农业企业脱颖而出，例如飞鹤乳业等。随着国家经济持续增长，农业现代化进程加快，我国农业企业品牌的建设也迈入快速发展的通道，具有较强的发展优势和发展潜力。新疆在农业企业发展方面，已经初步形成一大批优势农业企业。例如，新疆天山毛纺织股份有限公司、新疆粮油集团、新疆天山林果食品有限公司、新疆奇台八一面粉有限责任公司等。这些企业品牌的知名度不断提升，并影响潜在的市场。

3. 强势品牌

强势品牌能够为企业和经营者提供长期竞争优势和提高利润点。经营者从注重短期的战术管理向注重长期的战略管理转变，根本目标在于塑造强势品牌。就农产品而言，从产品角度出发，强势品牌意味着农产品必须具备显著的特征，例如风味、口感和质量安全水平。在塑造农产品强势品牌时，应综合运用产品策略、价格策略，着力提高产品的美誉度，以及进行必要的品牌延伸。

4. 品牌定位

邓德隆（2011）认为定位是第三次生产力革命，是在继第一次生产力革命泰勒"科学管理"、第二次生产力革命德鲁克"管理"之后的新的模式，与前两次革命不同，定位的主体发生了变化，品牌取代企业成为主体，因此，品牌植入消费者心智，竞争的本质在于品牌。农产品的品牌定位要取决于市场的细分。新疆农产品在种类上较为丰富，包括粮食、油料、蔬菜、水果、畜牧产品等多种类型，不同消费群体对产品的消费习惯不尽相同，打造品牌应当与目标市场紧密结合，识别消费者认可的消费模式，促进农产品质量和品牌定位更加精准。

5. 品牌资产

从20世纪80年代，以大卫·阿克尔（David Aaker）为代表的品牌建设专家，从品牌资产的角度对品牌概念进行颠覆性创新和发展，由此也揭开了品牌理论深化探索的进程。按照品牌资产（brand equity）的理论定义，是指"一系列与品牌名称和标志相关的资产（或者负债），它能够增加（或者减少）产品或服务带给企业或企业客户的价值。品牌资产项目包括品牌意识（brand awareness）、品牌忠诚（brand loyalty）、感知质量（percieved quality）、品牌联想（brand associations）四个方面。"越来越多的经营者认识到品牌即是资产，是企业或者经营者的一种无形资产。品牌资产的形成需要多年长时间的积累，在短期内快速获得显得十分困难。农产品的品牌资产建立相对困难，主要是由于农产品质量容易受到生产年份的气候、天气等外界因素干扰，难以维持稳定的产品品质，从而损害了品牌的形象，降低了品牌资产的价值。另外，品牌资产需要具体的主体进行承担价值的维护，因为农产品生产属于分散的生产行为，除了企业之外，农民分散的生产经营行为，难以形成合力，共同塑造一个品牌，也难以维护这样的品牌资产。

（二）区域品牌概念

区域品牌是以特定区域名称加以命名的品牌，区域品牌是融合了区域特征，将多种有利因素集中在一起打造的品牌体系。农产品区域品牌主要指农产品地理标志建设，通过地理名称传播优质农产品品牌。大部分学者认为，区域品牌的形成与当地产业集群直接相关，但是就农产品而言，其主导产业在区域品牌中的作用更加明显，因为不同类的农产品品质特征并不相同，多种农产品组合在一起，未必可以形成相同程度的市场认可程度，所以，依靠主导产业的规范化、标准化、规模化发展，更加有利于区域品牌的建设。

Ashworth & Voogd（1988）提出，"营销方法向城市规划是极为新颖的研究领域，值得继续探索"。自20世纪90年代之后，国外学者将区域置于品牌理论框架的探索加快，区域品牌和区域品牌化（Place Brands and Place Branding）成为研究的热点。区域品牌所指的区域类型和层次不单一，包括城市品牌（City Brand）、社区品牌（Community Brand）、地域品牌（Regional Brand 或 Geo-Brand）、州品牌或国家品牌（State Brand, Country Brand 或者 Nation Brand）等。应实践上对该理论的需求增长，2004—2014 年的区域品牌研究呈现突飞猛进的增长趋势（Vuignier, 2017），该领域不仅引起经济管理学科的重视，也吸引了社会学、政治学、公共管理等其他学科的关注，为加强该领域的研究，国外甚至创办发行区域品牌相关专业期刊，为学术界理论探讨和交流提供平台，如斯普林格出版集团（Springer）编辑发行《Place Branding and Public Diplomacy》期刊等。但英国莱斯特大学教授 Kavaratzis M（2015）却指出，从目前来看，区域品牌理论界和实践界之间还存在明显的认知鸿沟。值得关注的是，区域品牌研究已经辐射渗透到农业和农产品领域。日本学者田村正纪（2011）指出，区域品牌在取得市场发展的同时，还应培养消费者对产品的好感，必须在战略、产品策划、广告宣传、经营方式、营销渠道等方面多下功夫。澳大利亚学者 Ranasinghe et al.（2017）以斯里兰卡兰"锡兰茶"品牌为案例分析，认为产品和区域构成联合开展品牌建设取得不同凡响的成功。西班牙学者 Lopes et al.（2018）运用实证方法验证了区域品牌和农产品之间的关联能产生协同效应。

国内对农产品区域品牌的探索不断深化。万宝瑞（2018）认为，品牌农业是现代农业发展的有效载体，没有农业自主品牌建设，就没有强大的现代农业；就农产品区域品牌而言，各地比较重视申报与推广，却面临管理滞后现象，严重影响区域品牌的发展。姚春玲（2017）认为，除了产业集聚因素的影响外，农产品区域品牌的宣传推广状况极为关键。胡晓云（2013）认为通过跨界营销获得双赢，特别应增强区域品牌的协同效应。传统农业最大的弊端是仅重视生产计划的执行，而忽视对下游需求的重视和考虑，互联网背景下，下游客户通过微信、微博等新的社交平台以及衍生出来的数字化生存方式，都将消费者的需求隐性化变为显性化，为区域品牌创新提供条件（赵晓萌 等，2015）。区域品牌的成功创建不仅带动了县域农产品的销售，形成了"千村万店"的网店集群效应；在 Web 3.0 的互联网背景下，传统的品牌传播渠道被打破，除了电商平台之外，社交化品牌营销模式也成为促使品牌化发展的重要选择（李宁 等，2016）。娄向鹏（2018）认为，"农产品区域品牌建设是一场中国农业产业化、现代化的升级之战、抢位之战"，构建农产品区域品牌"联合体"

模式可能是一个重要的路径选择。

国外区域品牌、区域品牌化等相关学术研究与日俱增，并已经成为一个重要的热门研究领域。从出版物情况变化来看，过去10年国外出版了大约10多部关于区域品牌的学术专著，并专门创办了《区域品牌与公共策略》（Place Branding and Public Diplomacy）《区域管理与发展》（Journal of Place Management and Development）等知名期刊，刊载了大量关于区域品牌的学术研究成果。从国外实践来看，区域品牌化也逐渐成为区域管理的核心内容。总体上，虽然国外关于区域品牌的研究尚未形成统一的理论框架，研究成果呈现分散化、细碎化、缺乏体系化等特点，其部分原因可能与多学科交叉范式有一定关联，但不可否认的是，目前国外学者对于区域品牌的概念内涵与外延认同逐渐趋同，并围绕该领域不断细化研究主题。国内研究总体上呈现刚刚起步的特点，部分学者已经从单纯的概念内涵讨论，向通过构建理论框架、开展了一些必要实证分析过渡。

1. 区域品牌的内涵和外延

早期，国外学术界对于区域品牌没有统一使用固定术语，常见的区域品牌术语包括 Place Brand, National Brand, Country Brand, City Brand, Regional Brand, Urban Brand, Destination Brand, Inter-Regional Brand 等。从国外研究文献来看，"区域品牌"是从地理区域角度进行命名的公共品牌，涵盖了国家品牌、城市品牌、目的地品牌、集群品牌等多种类型区域品牌的概念。Anholt（2007）最终建议使用 Place Brand 这一词汇表述区域品牌。Rainisto（2001）认为区域品牌是一个地区的附加吸引力，塑造区域品牌的核心问题是构建区域品牌识别。Allen（2007）认为区域品牌属于多重构成，牵涉分散的利益关系，具有高度的组织复杂性。Kerr and Oliver（2016）认为区域品牌营销战略已经引起学术界和商业实业人员的广泛重视和兴趣。Ashworth et al.（2015）认为，区域品牌及相关研究之所以变得越来越重要，是因为区域品牌已经成为提升区域竞争力的有效手段。Thode and Maskulka（1998）认为农产品前加区域品牌，能够更好地对农产品品质、口感、风味进行宣传。

国内区域品牌研究跟进较快。多数学者认为区域品牌不同于企业品牌、产品品牌。区域品牌是以区域作为一个品牌的特定名称，是区域特色经济发展、区域声誉、质量和历史文化的综合体现，与产品品牌相比较，两者既存在共性也存在差异（谢弦，2007）。区域品牌是指产业在区域范围内形成的具有相当规模和较高产能、较高市场占有率和影响力的企业和企业所属品牌的商誉总和，区域品牌是继产品品牌、服务品牌发展而来的，是区域营销研究的重点（吴晓云 等，2011）。区域品牌是以地区作为一个品牌的特定名称，该区域的企业或者产品或者产业因此名称而在国内外市场具有竞争力，区域品牌是地域内企业品牌集体行为的综合体现，也是该区域的标志和象征（董雅丽 等，2007）。曾建明（2010）分析认为我国大陆区域品牌形象建设具有较强烈的行政色彩，重宣传、轻内涵，重开发、轻维护，区域品牌可持续性发展较差。大多数国内学者赞同加快农产品品牌建设。因为农产品品牌建设有利于提升农产品的国际竞争力，有利于降低农业企业产品推介成本，有利于促进农民增收农业增效，有利于消费者进行品质识别（邱琪 等，2005；左两军，2005；张可成 等，2008）。实践上，近年来中央一号文件就加快推进农产品品牌建设有相关具体表述，例如2016年中央一号文件强调"创建优质农产品和食品品牌"，"培育一批农产品精深加工领军企业和国内外知名品牌"。宁昌会（2006）认为在农产品品牌建立过程中，还要考虑品牌组合目标架构，即品牌组合战略，可以考虑自然区域品牌、行政区域品牌等。黄蕾（2010）认为应当实施农产品区域产业集群品牌建设。这些研究结论意味着探讨农产品区域品牌具有学术价值。姚春玲（2014）认为，农产品区域品牌是特定地理环境中，以独特自然资源及长期的种植、养殖、采摘方式与加工工艺等生产的农产品为基础，经过长期积淀而形成的被消费者所认可的，具有较高知名度和影响力的区域农产品标识。农产品区域品牌的特征主要体现在区域独特性、产权界定模糊性、具有名牌效应和消费从众性。农产品区域品牌是一个区域内农业生产经营者所用的公共品牌标志（刘新超 等，2014）。

2. 区域品牌的形成机理

国外大多数学者对政府对区域品牌形成作用机制给予肯定（Allen，2007；Gertner，2003；Lodge，2002；Swysun，2005）。还有很多学者则十分重视品牌战略的影响（Dooley and Bowie，2005；Mihailovich，2006；Ikuta, et al., 2007）。Ashworth et al.（2015）认为能推动形成区域品牌的因素应当包括促销策略与宣传、区域整体感知以及区域特定情境描述等。Allen（2003）认为区域品牌受到利益相关者因素的影响，区域内部利益相关者的支持对区域品牌的形成至关重要。Hanna and Rowley

(2012)认为市场营销沟通以及投资者对核心性问题的理解是加强区域品牌管理的重要因素。区域品牌传播日益引起学者注意,Green(2005)指出传播的主要手段应当是广告宣传。Melisiion(2004)认为,借助国际交往平台能做好宣传,对区域品牌形象产生积极影响。

国内大部分学者对产业集群与区域品牌形成之间存在的密切关系进行了深入研究,普遍认为产业集群是诱导区域品牌形成的重要因素。具有一定优势的主导产业容易形成产业集群,产业集群是区域品牌形成和传播的经济基础,有助于区域品牌的日常维护与管理,是区域品牌的有形资产(董雅丽 等,2007;熊爱华,2008;邵建平 等,2008;成喆,2010)。除产业集群因素之外,学者对其他因素也进行了探讨。地理资源禀赋、政府支持、供应链品牌协作和区域文化四个要素是影响新疆特色农产品区域品牌形成的关键因素,分别通过资源→文化→区域品牌、资源→供应链品牌协作→区域品牌两条路径共同发展及相互促进,增强了农产品区域品牌的市场竞争优势,促进了新疆特色农产品区域品牌的形成(俞燕,2015)。区域优势、农业产业优势、经营管理优势及政府扶持优势是影响农产品区域品牌的重要影响因素,这四个关键因素相互影响、相互作用,不断递进和叠加,并作用于农产品区域品牌发展(张传统,2015)。实证研究进一步表明,特色农产品区域品牌形象主要由产品维度、区域维度、消费者维度和企业维度四个维度影响(许基南 等,2010)。在针对农产品区域品牌竞争力的形成机制研究时,姚春玲(2014)认为,区域品牌竞争力的形成机制应包括竞合机制、监管机制、学习和创新机制以及利益机制四个方面。

3. 区域品牌的构建与完善的政策设计

Ashworth et al.(2015)认为由公共部门、私人部门或者志愿者提供的区域品牌化实施项目有助于建设区域品牌。Jacobsen(2012)分析证实推动区域品牌提升需要从区域品牌属性以及其收益两个方面进行。Hanna and Rowley(2013)认为品牌体验有助于提升区域品牌,特别是对投资者的影响。Donner et al.(2010)认为可以通过评估区域品牌的资产促进公共政策加以干预,实现政府机构的管理目标。Warnaby et al.(2015)认为加强区域品牌自身属性以及营销战略不仅是区域品牌的组成部分,也是提升区域品牌的途径,而加强区域品牌形象管理和提升声誉更有助于发挥区域品牌的良好效应。国内多数学者认为,政府在推动区域品牌发展的作用功不可没。政府可以引导优势产业发展,制定必要的规划,同时还可以提供制度和政策保障等公共服务,改善区域软硬件等外部环境,从而为区域品牌发展提供了良好条件(刘洪波,2011;毛振福,2009;张元靖,2011;俞秋兰,2012;高式英等,2015)。

罗高峰(2010)进一步指出,政府要起到倡导者、规划者、扶持者、管理者和服务者五大角色作用。除了政府作用之外,还有学者明确提出从产业集群的角度培育区域品牌(黄蕾,2010;俞燕,李艳军,2014)。此外,刘洪波(2011)认为,打造区域品牌定位是关键,要在目标顾客心目中给它一个独一无二的位置,由此形成区域鲜明的品牌个性。洪秀华(2006)认为应当让企业家认识到区域品牌的重要性,通过企业之间的互相监督使合作有效执行,才能发展好区域品牌。谌飞龙等(2013)认为各集群区域只有充分认识到区域品牌竞合的重要意义,让竞合、协作成为集体意愿,各集群区域才能"和平共处"并共同建设区域品牌。其他学者从区域信誉、隐性契约的担保(郭克锋,2011)、产品质量和信誉(尉雪波 等,2007)等角度提出促进区域品牌发展的建议。从国内外文献来看,总体上,国外区域品牌研究趋向于更加细化,国内跟进研究日益丰富。但也不难看出,目前农产品区域品牌形成机理以及对企业品牌、产品品牌产生的影响等相关研究仍然不够明朗,需要学术界进一步深入探索。国内虽然已经有学者逐步开展一些必要的案例与实证研究,但我国农产品区域品牌本身是一个较为广阔的领域,需要更多案例与实证分析来提供支撑。选择台湾农民创业园农产品区域品牌加以研究无疑能够进一步开阔研究视野,增加理论创新价值,为填补国内研究空白、跟进国外研究做好积极准备。

4. 区域品牌概念的辨析和评论

国内外对农产品区域品牌的探索不断深化,但仍未形成相对成熟的理论架构。研究视角偏重品牌传播、宣传和推广、区域品牌竞争力、产业集聚对区域品牌建设的影响等方面,虽然在互联网与农业融合发展上具有一定的探索,但由于农产品区域品牌的实践变化较快,缺少结合新的实践经验,对互联网与农产品区域品牌融合发展的理论思考。

三、乡村产业振兴视角下的农业品牌建设理论框架

在国家实施乡村振兴战略的背景下,产业振兴居于首位,产业的发

展基础是直接影响农业品牌建设的重要因素。其次，乡村文化振兴能够为农业品牌建设提供不竭的文化元素，丰富农业品牌构建的内涵。再次，乡村生态振兴能够为农业品牌建设营造良好的生态环境，突出绿色产品、生态产品等富有价值的品牌要素。

首先，推动农业品牌建设，需要对农业品牌进行科学合理的定位。农业品牌定位考虑的因素主要包括三个方面，一是产业基础，二是地域文化，三是生态资源（图1-4）。以新疆为例，新疆农业品牌建设就是基于新疆本地不同的要素资源、潜在市场空间和前景、技术优势和创新模式等因素综合在一起，以提升农业品牌知名度为主要目标导向的品牌界定过程。新疆农业品牌要着力从优质、安全、高端、营养、风味独特等层次提升品牌的知名度。从现有的实践操作来看，新疆农产品区域品牌知名度主要来自独特的风味，在安全、品质以及营养等方面的开发不足，弱化了品牌的知名度。

其次，在农业品牌清晰定位基础上要建立品牌管理系统。在品牌管理系统中，市场主体包括行业协会、企业、合作社、农民生产者等多种类型，他们直接对农产品的品质产生决定影响，进而影响了农产品品牌打造的实际效果。政府部门作为外部力量，能够通过实施一系列有效的产业政策，推动产业的变革，加速产业高质量发展，推动产业集聚，形成上下游分工有序的产业集群，从而营造农业品牌建设的产业环境。主要体现在三个方面，一是产业规模化发展。现阶段，很多地区实施了"一村一品""一乡一业"的发展思路，主要是克服单个村庄、单个乡镇生产过度分散，降低了规模效应，难以形成稳定的产出，不能保证农业品牌打造的最低规模要求，起到了良好的效果。二是推动产业化发展。目前，很多地区农业品牌的打造仅限于以地理名称命名的单一的地理标志产品，因为缺乏产业化，下游精深加工、与休闲农业和乡村旅游业融合度不高，导致企业品牌难以打造、产品品牌的持续市场影响力不能建立。三是推动标准化发展。通过标准化引领农业生产者、企业改进生产技术，加强生产规范，有利于克服同一地区农产品内部之间的差异，从而为稳定的农业品牌形象夯实基础。

最后，打造农业强势品牌。农业强势品牌应成为产业振兴发展背景下农业品牌发展的最终归宿。随着乡村产业振兴，未来我国各个农业主产区应当形成一系列消费者认可、享有较高美誉度的农业品牌，包括企业品

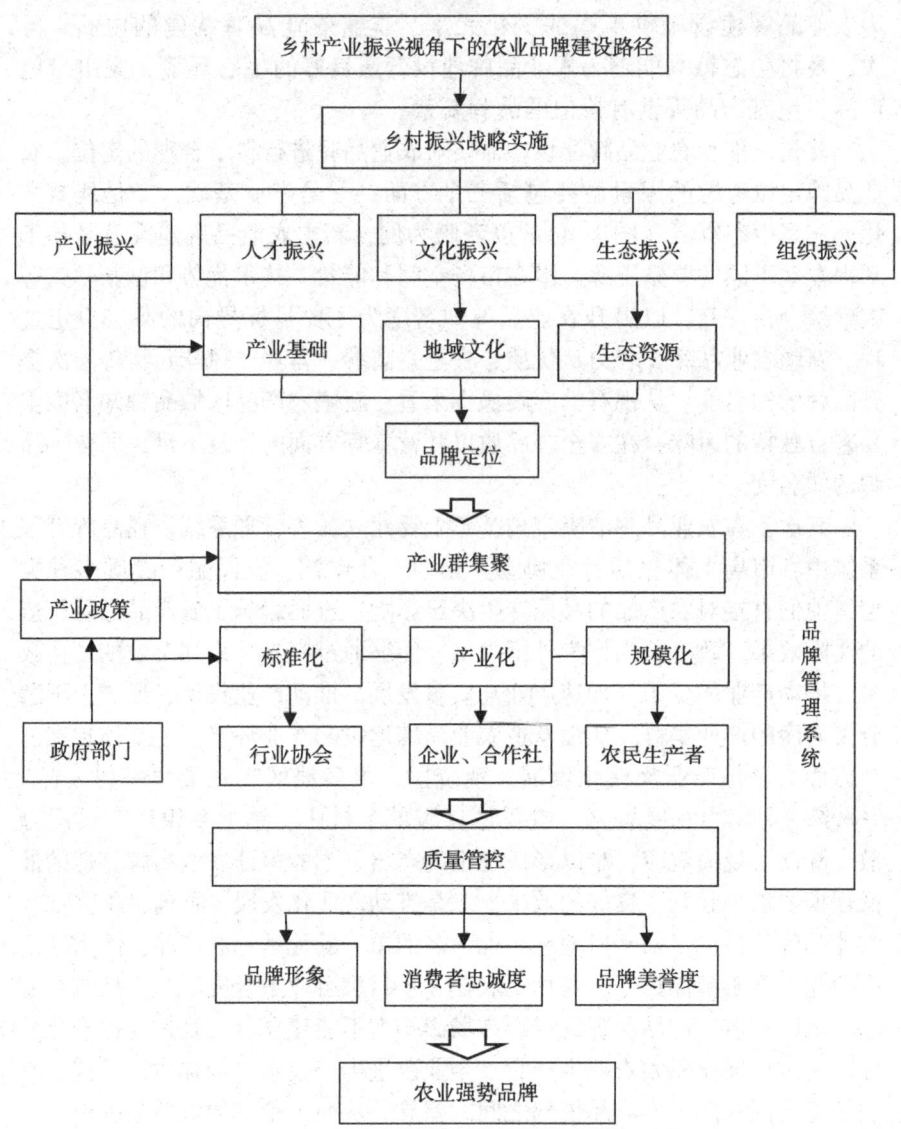

图1-4 新疆农产品区域品牌理论框架

牌、产品品牌和区域品牌。农业强势品牌也为企业、农民专业合作社提供了丰厚的品牌资产,成为增加农民收入的新途径。一是基于农业品牌定位，在消费者市场中广泛打造品牌形象，提升消费者对农产品品牌的认可。二是通过加强宣传、促销、改进技术、创新等不同策略组合，培育并提高消费者忠诚度，引导建立稳定持续的消费行为，建立良好的消费习惯，增强市场影响力。三是积极推动各地区企业、合作社、行业协会等市场主体参加国内外品牌大会等评选活动，提高农业品牌的美誉度。

第二章 支持农业品牌建设的产业政策

本章聚焦促进农业品牌建设支持政策体系构建问题。首先分析国家农业产业政策中关于农业品牌的论述,如历年中央一号文件以及农业农村部相关文件等。然后,再着重分析新疆实施农业品牌采取的具体政策。

一、农业品牌建设的国家产业政策体系

党的十九大提出实施乡村振兴战略,为我国农业农村发展提供了总抓手。值得注意的是,在各项振兴任务中,产业振兴居于乡村振兴的首位,具有较强的基础性作用。从当前国民经济发展的趋势来看,乡村产业振兴的主要实现路径应当以稳步提高农产品质量、实施品牌兴农策略为主攻方向,单纯追求农产品数量增长而忽视经济价值、经济效益提升的粗放式发展路径难以继续。农产品品牌的建设直接关系到现代农业发展和小农户利益,历年中央一号文件均高度重视。2017年中央一号文件《中共中央 国务院关于深入推进农业供给侧结构性改革加快培育农业农村发展新动能的若干意见》提出"推进区域农产品公用品牌建设,支持地方以优势企业和行业协会为依托打造区域特色品牌,引入现代要素改造提升传统名优品牌""支持新型农业经营主体申请'三品一标'认证,推进农产品商标注册便利化,强化品牌保护。"同时,在推进农村电商发展的论述当中,强调了"聚集品牌推广"。在全面振兴奶业的论述当中,强调"培育国产优质品牌"。由此可见,农产品的品牌建设是系列工程,涉及各个环节、多个产业。

2018年中央一号文件《中共中央 国务院关于实施乡村振兴战略的意见》提出"实施质量兴农战略。深入推进农业绿色化、优质化、特色化、品牌化""培育农产品品牌,保护地理标志农产品,打造一村一品、一县一业发展新格局""注重发挥新型农业经营主体带动作用,打造区域公用

品牌,开展农超对接、农社对接,帮助小农户对接市场。"由此可见,农产品品牌建设直接关系到农业高质量发展、农村产业格局、小农户经济利益的保护等多个重要方面,具有非常重要的作用。为了落实中央政策要求,农业农村部等部门也出台了相关政策。2018年6月,农业农村部发布的《关于加快推进品牌强农的意见》对实施品牌强农进行了全面的战略部署,既对品牌建设层次进行明确要求,又提出了品牌建设的具体数量和规模,提出"重点培育一批全国影响力大、辐射带动范围广、国际竞争力强、文化底蕴深厚的国家级农业品牌,打造300个国家级农产品区域公用品牌,500个国家级农业企业品牌,1 000个农产品品牌。"

2019年,《中共中央 国务院关于坚持农业农村优先发展做好"三农"工作的若干意见》提出,"健全特色农产品质量标准体系,强化农产品地理标志和商标保护,创响一批'土字号''乡字号'特色产品品牌。"2019年2月22日,中共中央办公厅、国务院办公厅印发了《关于促进小农户和现代农业发展有机衔接的意见》。该文件提出"打造一批竞争力较强、知名度较高的特色农业品牌和区域公用品牌,让小农户分享品牌增值收益。""深化电商扶贫频道建设,开展电商扶贫品牌推介活动,推动贫困地区农特产品与知名电商企业对接。"2019年,《国务院关于促进乡村产业振兴的指导意见》出台。该文件强调,产业兴旺是乡村振兴的重要基础,是解决农村一切问题的前提。提出"培育提升农业品牌。实施农业品牌提升行动,建立农业品牌目录制度,加强农产品地理标志管理和农业品牌保护。鼓励地方培育品质优良、特色鲜明的区域公用品牌,引导企业与农户等共创企业品牌,培育一批'土字号''乡字号'产品品牌。"

2020年中央一号文件强调,继续调整优化农业结构,加强绿色食品、有机农产品、地理标志农产品认证和管理,打造地方知名农产品品牌,增加优质绿色农产品供给。2021年,农业农村部发展规划司制定《农业生产"三品一标"提升行动实施方案》。在这份实施方案中,专门对"加快推进农业品牌建设"进行明确论述,具体措施包括:"培育知名品牌,建立农业品牌标准,鼓励地方政府、行业协会等,打造一批地域特色突出、产品特性鲜明的区域公用品牌。结合粮食生产功能区、重要农产品生产保护区和特色农产品优势区建设,培育一批'大而优''小而美'、有影响力的农产品品牌,鼓励龙头企业加强自主创新、打造一批竞争力强的企业品牌"。从中可以看出,农业品牌的政策支持重点在于发挥地区产业优势，协调市场主体，分类推进。实施方案，还就农业品牌的管理提出很多措施，如，"深入推进中国农业品牌目录制度建设，发布品牌目录与消费索引"，从消费端引导消费者对农业品牌的认可，逐步培育品牌的忠诚度。又如，"加大对冒牌、套牌和滥用品牌的惩处力度"，这实际上指出了当前我国农业品牌建设存在的典型乱象，即农业品牌一旦知名，就会引来大量模仿、假冒，造成知名品牌的价值流失。

2021年中央一号文件强调，"深入推进农业结构调整，推动品种培优、品质提升、品牌打造和标准化生产。"2021年，农业农村部印发《关于促进农业产业化龙头企业做大做强的意见》，提出要"提高龙头企业品牌发展能力"，强调"鼓励龙头企业将特色产业与生态涵养、文化传承相结合，发扬'工匠精神'，打造企业知名品牌。"农业农村部发展规划司印发《关于推动脱贫地区特色产业可持续发展的指导意见》，提出"到2025年，脱贫地区特色产业发展基础更加稳固，产业布局更加优化，……打造一批影响力大的特色品牌"的目标。农业农村部办公厅、国家乡村振兴局综合司联合印发的《社会资本投资农业农村指引（2022年）》中提出"加快农业品牌培育，加强品牌营销推介，鼓励社会资本支持区域公用品牌建设，打造一批具有市场竞争力的农业企业品牌。"由此可见，农业主管部门日益重视农业品牌建设，并将其置于乡村振兴各项工作的重要组成加以对待。

二、新疆农业品牌建设的产业政策体系

新疆是我国特色农业发展的重点区域，新疆农业现代化发展直接关系到边疆农村地区的社会稳定，关系到广大农牧户的经济利益维护。促进新疆农产品品牌建设是加快新疆农业现代化、推动农业高质量发展、提升市场竞争力的重要措施。新疆在加强农产品品牌建设方面，起步较早，取得一些显著成效。新疆将2017年设计为农产品品牌建设推进年，并制定了详细的实施方案，包括品牌展会、名牌认定、品牌培训、品牌推介会等各类工作。新疆地缘辽阔，辐射农牧户数量较多，但南疆和北疆区域差距较大，资源禀赋条件不一样，农业发展不平衡，也给农产品品牌建设带来了挑战。在国家实施乡村振兴战略的重要机遇下，新疆有条件也有能力加快农产品品牌建设，推动特色农业产业壮大，惠及广大农村地区，为乡村产

业振兴和农民收入持续增长,以及对贫困地区的脱贫攻坚提供良好的支撑和保证。

(一) 地理标志农产品启动实施保护工程

2019年,新疆拥有121个农业农村部认定地理标志农产品,数量位居西部地区第二位。但是由于登记地理标志的农产品拥有较高的市场经济效益,引来大量仿制、假冒农产品,出现了"劣币驱逐良币"的不利局面,破坏了新疆农产品地理标志的美誉度,损害了消费者对农产品的忠诚度。因此,加强对农产品地理标志的保护是非常重要的措施。

近年来,新疆农业主管部门不断加强地理标志的保护,启动了地理标志农产品保护工程。2019年自治区有8个地理标志农产品启动实施保护工程,其中南疆四地州(和田地区、喀什地区、阿克苏地区和克孜勒苏柯尔克孜自治州三县一市)5个,占项目总体的63%。目前,自治区登记保护地理标志农产品83个。实施地理标志保护工程的目标是,利用5年时间,打造叫响一批"乡土"区域品牌,打造一批"疆字号""独一份"产品,不断提升地理标志农产品的附加值和市场竞争力。同时,通过农产品地理标志的保护,促进产业融合发展,加快推进自治区特色农业产业、农业高质量发展,助力实施乡村振兴战略和脱贫攻坚。

(二) "一村一品"专业村镇巩固品牌建设优势

为贯彻落实《中共中央 国务院关于实施乡村振兴战略的意见》关于"实施产业兴村强县行动,推行标准化生产,培育农产品品牌,保护地理标志农产品,打造一村一品、一县一业发展新格局"的精神以及《国务院关于印发全国农业现代化规划(2016—2020年)的通知》关于打造"一村一品"示范村镇的要求,农业农村部组织开展了面向全国的一村一品示范村镇监测和认定工作,下发了《农业农村部办公厅关于开展全国一村一品示范村镇监测与认定的通知》。目前,我国"一村一品"示范村镇达到2 409个,成为乡土特色产业品牌化、集群化发展的主要基地,为培育壮大10万个"土字号""乡字号"特色产品品牌提供了保障。"一村一品"示范村镇必须满足品牌影响力大,主导产品必须有注册商标,通过绿色食品或有机农产品认证,获得农产品地理标志登记保护、中国地理标志证明商标或国家地理标志保护产品认证的专业村镇将优先纳入认定范围。

新疆近几年的农业经营情况发展处于良好态势，虽然有一定的减缓趋势，但总体仍然保持了较好的产业带动力，农业产业化发展没有出现大幅度下滑现象，龙头企业产业链条不断延伸、创新企农联结机制进一步优化。良好的农业发展形势为"一村一品"专业村镇建设提供了发展环境，新疆已经培育了一批优势突出、特色鲜明、类型多样、示范效果明显的"一村一品"专业村镇，目前有15个村镇入选国家级村镇，其中兵团拥有5个。"一村一品"示范村镇将进一步巩固品牌建设积累的发展优势，通过实施更加有效的科学管理与保护，可以继续提高品牌美誉度和市场竞争力。

（三）电商平台对农产品区域品牌建设产生积极影响

近年来，随着物流业发展，"互联网+"经济形态的形成，涌现了大量的电子商务平台，加速了农产品的市场流通和农产品品牌构建、传播。在电子商务平台的助推之下，农村电子商务也发展迅猛。数据显示，2021年我国农村网络零售达20 500亿元，同比增长14.23%。2021年我国农产品物流额首次达到5万亿元，未来五年农村的快递包裹规模将持续增长。截至2021年9月，我国淘宝村达到7 023个，淘宝镇达到1 598个（冉隆楠，2022）。

长期以来，新疆由于地理位置偏远，物流不便，难以形成电子商务发展规模。但近年来，随着物流布局的改善，"互联网+"、电子商务平台发展速度越来越快，对农业农村发展起到较好的推动作用。据第三方大数据统计显示，2021年，新疆电子商务交易额达到2 604.6亿元，同比增长17.1%；网络零售额达509.6亿元，同比增长22.3%，较全国高出6.6个百分点。其中，新疆农村网络零售额实现241.4亿元，同比增长41.6%（黑宏伟，2022）。随着互联网与农业生产的深度融合，会有更多的新疆鲜果走向全国大市场。2021年，阿克苏地区活跃电商卖家（淘宝网店）超过2 400家，年销售额超过8亿元，直接从事电商（含微商）产业人员已超过1.8万人，直接或间接带动3万余人就业。阿克苏市苹果、红枣、核桃三个单品的网络销量始终居全国农村电商示范县之首，网商创业活跃度居南疆第一位。根据供销社统计，2021年，昌吉州全州农村电商销售额达8.8亿元，农产品电商销售额占全州电商销售额的76%，达6.7亿元。

新疆农村电商的发展呈现两个明显的特征。一是加快对品牌建设和传播。不论纯电子商务平台，还是以实体经营公司为基础发展起来的电子商务运营企业，他们都拥有较广的市场辐射面，在消费者心目中熟悉度较高，品牌传播的速度快、强度大。通过在电商平台搭建"新疆"主题农产品宣传馆或专栏，能够达到事半功倍的效果。二是对贫困地区的扶贫带动效应显现。新疆存在很多拥有特色农产品生产基地，由于处于贫困县范围，长期以来产品销售渠道不畅，导致农民收入低，县域经济不活跃。通过电商平台的品牌挖掘，可以看到贫困地区特色农业产业及特色农产品潜在的市场价值，以电商平台对消费终端领域的信息和数据分析处理能力，可以倒推生产标准体系的建立，用标准体系规范特色农业产业发展，再完善品牌建设，形成良性循环，最终打造出响亮的市场品牌，也赢得了良好的经济效益（表2-1）。

表2-1 新疆电商平台及活动对品牌建设的影响

名称	主要做法	基本成效
苏宁拼购基地	（1）苏宁对新疆各地开放线上线下资源 （2）提供人才培养、品牌培育、模式打造、生鲜物流等方面的支持 （3）苏宁在新疆开设扶贫实训店20家，为当地特色农产品在线上开设特色馆，线下门店提供讲师，培训当地贫困户学会经营，使用宣传、物流、金融等各类经营工具 （4）联合建立基地，基地内的多个品种葡萄干会直入苏宁仓库，通过拼购平台直供给消费者	（1）苏宁与农户面对面合作，剔除中间商，对农户来说增加了收入 （2）城市消费者可以花更少的钱买到更优质的农产品，实现消费升级 （3）实现"农业产业化、农产品品牌化、农人专业化"发展目标
英吉沙县小白杏（俗称"吊死干"）	（1）重新调整杏子种植结构，加强杏树管理管护，让农户重拾发展信心，打响杏子品牌 （2）建立了400多亩色买提杏甜数字农场标准示范基地，展示品质提高技术标准 （3）引入电子商务公司运作，建立鲜杏生产、包装、销售标准化管理体系 （4）改善冷链物流技术条件，实现冷链物流 （5）建设1条自动机器分拣生产线，实施果品标准化、自动化分类；建设9条充氮包装线用于冷链物流	（1）提升了传统林果的品质 （2）树立了农产品品牌形象，打响了英吉沙杏"冰山玉珠"品牌 （3）提高了产品价格，均价每千克达到4.5元，鲜果售价最高每千克达到15元，有效保证了杏农的经济效益 （4）扩大了销量，2018年，借助气调保鲜技术和冷链航空运输，20吨优质色买提杏第一次走出新疆，2019年英吉沙杏依托果业集团等5家龙头企业及近200家加工合作社，全县共销售鲜杏3万余吨

(续表)

名称	主要做法	基本成效
阿里巴巴集团"兴农扶贫"项目	(1) 由阿里巴巴与地方政府共建,旨在打造"直供直销"供应链体系,让贫困县优质农产品直达城市餐桌 (2) 通过消费大数据分析,指导农业生产,帮助地方政府培育和壮大特色 (3) 农业阿里巴巴还将在地域农产品标准化、品牌化、物流、金融等方面提供支持	南疆四地州在内的42个县市被授予"兴农扶贫官方服务站",与阿里巴巴建立了长效合作机制,为助力更多新疆优质特色农产品"触网"走向全国奠定了基础
中国(新疆)贫困地区特色农产品品牌推介洽谈会暨电商扶贫天山行活动	(1) 业务洽谈 (2) 签订战略合作意向	此次活动共邀请到中国电商扶贫联盟的29家会员单位,疆内有300家企业已跟29家会员单位开展为期两天的洽谈,已达成39项战略合作意向,其中16项为签约采购意向,涉及金额3.03亿元

(四)旅游融合加速促进农产品品牌建设

新疆拥有大量特色旅游资源,带动了市场消费。2021年,新疆全年接待游客1.91亿人次,比上年增长20.52%;旅游总消费1 415.69亿元,增长42.69%通过旅游资源和农产品销售、农产品品牌建设结合在一起,将有利于扩大农产品品牌知名度,提高品牌市场占有率。

新疆2019年开始启动"新疆农产品进景区"活动,目的在于"让优质农产品搭上旅游业发展快车"。启动仪式在新疆天山天池景区举行,主要做法是由新疆农业主管部门组织65家企业参加展销,这些企业的绿色食品、有机农产品和地理标志农产品认证率超过90%,部分农产品质量追溯体系已经基本成熟,这些企业将哈密瓜、葡萄干、核桃玛仁、薰衣草精油等十多种新疆优质农产品集中向消费者和游客进行展示、品尝、销售。活动下一步的目标是推动更多新疆特色农产品进驻3A级以上景区,推动进驻2家5A级景区,推动进驻2家休闲农业和乡村旅游星级示范企业(园区)。

第三章 乡村产业振兴视角下的农业品牌建设评价——以新疆为例

本章从资源、产业、组织、经营主体等方面对新疆农业产业的基础和优势进行分析，并利用全国农产品地理标志数据，对新疆农产品地理标志即品牌建设情况进行评价，分析新疆农产品品牌建设的现状和存在的问题。例如，农产品品牌的数量、增长趋势、发展速度、行业集中程度、品牌经营意识、品牌集聚效应、品牌组织建设等。

一、新疆农产品建设的产业基础和优势

新疆农业资源禀赋和气候条件得天独厚，具备生产较多品种特色优质农产品的坚实基础，也具备培育美誉度和知名度较高农产品品牌的潜力。在实施乡村振兴的战略背景之下，加强农产品品牌建设具有重要的现实意义和战略意义，能够有效促进新疆各地区农业产业兴旺发展、推动实现新疆当地农户增收致富。经过多年发展和壮大，新疆特色农产品品牌建设已经取得初步成效，基本形成了一批具有一定影响力、深受消费者青睐的农产品品牌，打造了品质优口感佳、绿色生态等特色化的品牌形象，有效提升了新疆内部农产品品牌溢价。新疆各级政府部门着力助推新疆农产品品牌建设，不断完善政策保护和培育机制，2017年还专门出台了《新疆农产品品牌建设推进年实施方案》，推动了农业特色产业集群化发展，带动了农业总体高质量发展，增强了品牌农产品产值和市场占有率。在总结新疆农产品品牌建设成功经验的同时，也应当清醒认识到，新疆农产品品牌建设还存在很多需要尽快完善和发展的问题，如何能够有效解决这些问题，如何找到适合新疆农业生产特点的农产品品牌建设路径已经成为促进新疆乡村产业兴旺的重要任务之一。

近年来，随着我国社会主义市场经济体制的进一步完善、西部大开发

战略的推进，新疆经济的增长势头迅猛，农业和农村经济取得了长足发展。新疆早在农业农村发展的"十二五"规划中就首次明确提出新疆要大力实施农产品品牌战略，并强调品牌战略是推进新疆农业产业化发展、实现农业现代化的重要手段，也是新疆从农业大区到农业强区转变的迫切需要。在新疆农业（种植业）"十三五"规划中，将农村电商平台建设与品牌建设紧密进行结合，并将品牌建设工作落实在县级行政单位，夯实了农产品品牌建设的基础。在新疆畜牧业"十三五"规划中，新疆将培育发展大产业、大品牌、大市场作为畜牧业长期重要的发展目标。近年来，新疆针对农业品牌推进年制定了详细的实施方案，从微观培育品牌农业人力资源和团队，中观强化品牌优势区域建设，宏观加强政府引导、品牌展销和品牌推介等多个层面加强农产品品牌建设，取得显著成效。

（一）资源优势

新疆维吾尔自治区是我国面积最大的省份，与俄罗斯、哈萨克斯坦等8个国家接壤，是中国古代丝绸之路重要通道，也是"一带一路"的重点地区，新疆是联通我国西部地区和中亚地区的关键地带，其地理位置具有较好的物流优越性。新疆拥有土地面积16 648.97万公顷（1公顷＝1 000平方米，全书同），其中农用地6 308.48万公顷。农地中，耕地面积412.46万公顷，园地面积36.42万公顷，牧草地5 111.38万公顷，森林蓄积量达到33 654万立方米。新疆水资源总量930.4亿立方米，其中地下水资源545亿立方米。新疆年平均气温11℃，新疆日照丰富，大部分地区的日常时间较长，平均在2 680.3小时/年以上，有的地区，例如哈密市甚至达到3 367.5小时/年，有利于水果等特色农产品生产。

（二）产业优势

2021年，新疆全区农林牧渔业总产值为5 143.12亿元，按可比价计算，比上年增长8.8%，增速创二十三年来新高，两年平均增长6.7%。其中：农业产值3 488.99亿元，增长7.4%；林业产值79.12亿元，增长8.1%；畜牧业产值1 265.69亿元，增长13.4%；渔业产值35.95亿元，增长16.8%；农林牧渔专业及辅助性活动产值273.38亿元，增长8.4%。2021年，粮食总产量1 735.80万吨，棉花产量512.85万吨，棉花产量占全国的89.5%，比上年提高2.2个百分点。近年来，新疆大力实施农业优势资源转换战略，重点加快推进粮、棉、果、畜"四大基地"建设，特别着力提高特色农业产业的发展优势，不断推动制酱番茄、酿酒葡萄、红辣椒、甜菜、打瓜、啤酒花、枸杞、红花、油葵、亚麻等区域特色优势产业发展壮大。目前，新疆已成为我国最大的商品棉、啤酒花、番茄酱生产基地和重要的畜产品、甜菜糖生产基地。由于新疆农产品具有很强的特色，并突出了绿色、有机、优质的特质，在人们对生活品质要求越来越高的新时代，消费者市场对新疆特色产品的需求增幅较大，因此，新疆农产品在国内外市场上产生一定竞争力，获得了一定的市场占有率。新疆已经基本建立了将资源优势转化为农业产业发展的优势，将农业产业发展优势转化为农产品市场竞争优势的良好机制。下一步，新疆亟需将农产品市场竞争优势转化为农产品品牌优势，从而从资源—产业—产品—品牌四个维度全方位提升农业发展质量和农业经济增长效益。

（三）组织优势

农业特色产业要发展壮大，并培育知名品牌，需要全产业不同经营主体之间进行必要的联合。不同经营主体分散进行农产品品牌建设，力量单薄，难以形成合力。行业协会具有联系、组织、促进产业发展和品牌建设的独特优势，是新疆农产品品牌建设和发展的重要主体之一。通过行业协会运作并扩大农产品品牌的知名度对于提高农产品区域品牌更便于发挥积极作用。例如，成立于1994年的新疆巴音郭楞蒙古自治州库尔勒香梨协会以"回归原味 塑造品牌"为战略目标，对库尔勒香梨这一重要的农产品区域品牌（或地理标志）开展了维护市场竞争秩序、开拓市场销售、维护品牌、打击假冒伪劣、监督检查产业发展发挥了非常重要的作用。除此之外，行业协会还可以对种植技术、合作经营、产品仓储、冷链运输、包装设计等提供支持和服务。

（四）经营主体优势

根据新疆维吾尔自治区第三次农业普查数据，2016年，自治区农业生产经营人员592.70万人，其中女性278.80万人。在农业生产经营人员中，年龄35岁及以下的225.77万人，年龄在36至54岁之间272.34万人，年龄55岁及以上的94.59万人。2016年，自治区规模农业经营户农业生产经营人员（包括本户生产经营人员及雇佣人员）116.58万人，其中女性 59.06 万人，年龄 35 岁及以下的 37.62 万人，年龄在 36 至 54 岁之间的 69.59 万人，年龄 55 岁及以上的 9.37 万人。2016 年，自治区农业经营单位农业生产经营人员 18.18 万人，其中女性 6.25 万人，年龄 35 岁及以下的 5.69 万人，年龄在 36 至 54 岁之间的 11.29 万人，年龄 55 岁及以上的 1.20 万人。

（五）政策框架体系

2011 年，新疆农业主管部门出台了《新疆农业名牌产品认定办法（试行）》。该办法，明确了实施农业名牌战略的宗旨，强调将新疆的资源优势及时转变为产业优势和经济优势。"通过培育农业名牌产品，引导农产品生产经营单位和农民面向市场，优化农产品结构，提高农产品质量，增强优质农产品市场竞争力，满足广大消费者对农业名牌产品的需要，提高经济效益，增加农民收入。"为此，新疆农业主管部门每年举办一次评选工作，针对新疆种子、种苗、粮油作物、特色经济作物、棉花、水果、蔬菜、畜禽产品、加工制品、水产品等不同种类的农产品开展名牌产品评选工作。根据该项政策规定，"新疆农业名牌产品"称号有效使用期农业初级产品为三年，农业加工品为两年。具有地方区域特色和一定的生产规模，已经形成市场竞争优势，取得良好经济效益好或者具有良好的市场前景，逐渐成为新型主导产品的农产品都可以申请评选。该项政策有效引导了新疆农产品品牌建设，不断增强了新疆农产品品牌的市场经济效益和知名度。

二、新疆加快农业品牌建设基本特征与发展趋势

我国农业主管部门在 2008 年已经颁布了《农产品地理标志管理办法》（下简称"办法"）。办法是依据《中华人民共和国农业法》《中华人民共和国农产品质量安全法》相关规定制定。办法出台的主要目的是"为规范农产品地理标志的使用，保证地理标志农产品的品质和特色，提升农产品市场竞争力"。地理标志是农产品区域品牌的重要构成，但是区域品牌的概念要比地理标志更加丰富。地理标志主要侧重在知识产权的保护，而区域品牌属于品牌范畴，内涵更加丰富。分析新疆农产品地理标志建设情况，能够对新疆区域品牌发展情况进行总体把握。

（一）数据来源

研究的数据来自农业农村部开展的农产品地理标志登记。在全国农产品地理标志查询系统中可以进行数据的检索和查询。覆盖了全国各个省份地区。除了查询系统之外，还主要参考了新疆农业农村厅提供的各种关于农产品地理标志建设的工作进展报道资料作为补充和辅助。同时为了便于进行对比，也参考了全国统计年鉴关于农林牧渔业总产值等数据的。

（二）研究方法

本研究采取的主要方法是统计分析方法和比较分析方法。通过对全国农产品地理标志查询系统按照时间、行业、地区、是否是建设兵团还是新疆地方进行分类统计，对农产品地理标志的基本特征进行归纳总结。同时也对西部地区、全国情况进行了统计分析，以便于将新疆与西部地区以及全国进行比较，为准确归纳特征提供了数据结论辅助。

（三）基本结论

1. 新疆地区农产品地理标志数量位居西部第六位

根据全国农产品地理标志查询系统提供的2021年数据进行统计分析，新疆共有129个农产品地理标志，位居西部地区第六位。西部地区中四川省地理标志最多，拥有201个，排名第一。超过100个地理标志的西部省份还包括广西（165个）、贵州（154个）、甘肃（137个）、内蒙古（135个）。分行业来看，新疆种植业农产品地理标志数量达到104个，在西部地区仍然位居第五位，处于中游水平。新疆畜牧业农产品地理标志数量达到23个，位居西部地区第八位，处于中间水平。新疆水产业农产品地理标志数量达到2个，在西部地区与陕西、宁夏、重庆并列第五位。见表3-1。

表3-1 2021年新疆和西部其他地区农产品地理标志数量对比

地区	数量（个）	排序	其中：种植业	排序	畜牧业	排序	水产业	排序
四川	201	1	158	1	39	1	4	3
广西	165	2	110	3	36	5	19	1

(续表)

地区	数量(个)	排序	其中：种植业	排序	畜牧业	排序	水产业	排序
贵州	154	3	112	2	39	1	3	4
甘肃	137	4	100	6	37	4		
内蒙古	135	5	83	7	38	3	14	2
新疆	129	6	104	5	23	8	2	5
陕西	117	7	107	4	8	11	2	5
云南	86	8	59	9	26	7	1	9
青海	77	9	41	11	36	5		
重庆	70	10	60	8	8	11	2	5
宁夏	60	11	44	10	14	9	2	5
西藏	35	12	21	12	13	10	1	9

资料来源：全国农产品地理标志查询系统.http://www.anluyun.com/。表3-2至表3-8同。

2. 新疆农产品地理标志数量与农业产值规模基本协调

一般来说，农林牧渔产值较高的地区，农产品地理标志的数量也越多。地理标志多，品牌的价值就高，进一步促进了农林牧渔产值的上升。从表3-2中可以看出，2021年新疆种植业共有104个地理标志，占西部总数的10.41%，新疆农业产值占西部农业产值的比例也达到11.75%，两者比例较为接近。新疆畜牧业农产品地理标志共有23个，占西部总数的7.26%，新疆畜牧业占西部地区牧业产值的比例达到8.23%，两者比例也较为接近。新疆种植业农产品地理标志数量占全国的比例达到3.84%，新疆农业占我国地区农业产值的比例达到4.45%，两者比例也较为接近。新疆畜牧业农产品地理标志数量占全国的比例达到4.36%，新疆畜牧业占我国地区畜牧业产值的比例达到3.17%，两者比例略不协调，但说明了新疆畜牧业品质更高、品牌建设高于全国水平（表3-2）。

表3-2　2021年新疆和西部地区、全国农产品地理标志数量以及产值对比

标志指标	种植业	畜牧业	水产养殖业	合计
新疆各行业地理标志个数	104	23	2	129
占新疆总数的比例（%）	80.62	17.83	1.55	100.00
西部各行业地理标志个数	999	317	50	1 366

(续表)

标志指标	种植业	畜牧业	水产养殖业	合计
占西部总数的比例（%）	10.41	7.26	4.00	9.44
全国地理标志个数	2 709	527	274	3 510
占全国的比例（%）	3.84	4.36	0.73	3.68
产值指标	农业产值（亿元）	牧业产值（亿元）	渔业产值（亿元）	农林牧渔业（亿元）
新疆产值	3 488.99	1 265.69	35.95	5 143.12
占比新疆农林牧渔业产值比例（%）	67.84	24.61	0.70	100.00
西部地区各行业产值	29 683.68	15 379.86	1 445.79	51 054.33
占西部各行业产值比例（%）	11.75	8.23	2.49	10.07
全国各行业产值	78 339.51	39 910.83	14 507.27	147 013.40
占全国各行业产值比例（%）	4.45	3.17	0.25	3.50

3. 新疆农产品地理标志数量从认证高峰逐渐回落

从图3-1中可以看出，新疆地理标志数量的申报和获得认证经历了快速增长，已经处于平稳发展阶段。随着农业生产者对区域品牌的认知水平上升，农业生产者加快了地理标志申报。但是地理标志与农产品的特性直接关联，已经完成申报的地区，难以继续扩大其他农产品品种，导致地理标志的认证速度出现下降。2009—2022年间，2013年是新疆农产品地理标志申报获得认证最多的年份，反映了此阶段地方对农产品地理标志的重视。

2009—2013年，新疆地理标志呈现快速发展阶段，从2009年的2个上升到2013年的36个，增长了34个，增长的主要地区来自新疆地方，兵团从2009年的2个上升到2013年的7个，而新疆地方的农产品地理标志登记数量从2009年的0个上升到2013年的29个。从2014—2022年变化趋势来看，新疆地理标志登记的数量波动略下降，从2014年的6个下降到2022年的4个，其中2015年、2016年分别为10个、11个，数量较多。

4. 果品类区域品牌数量最多

按照不同行业进行统计，2021年，新疆种植业农产品地理标志占

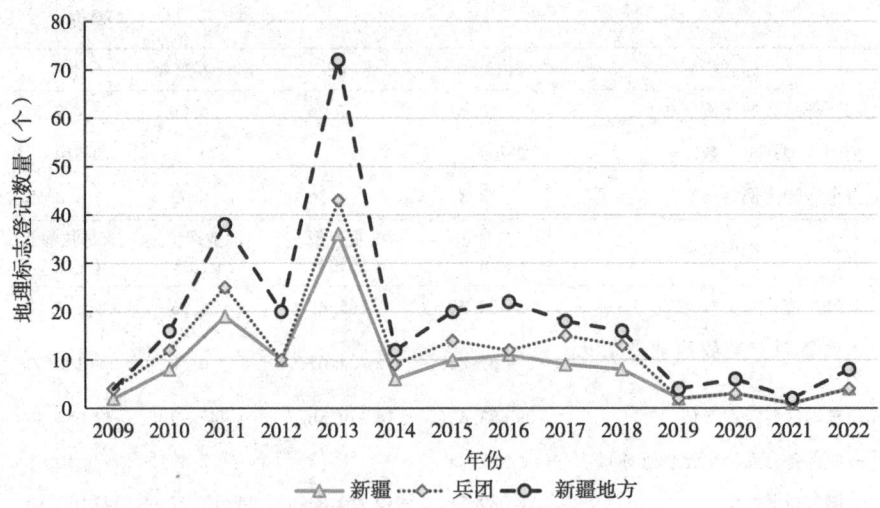

图 3-1 新疆地理标志登记年度变化情况

数据来源：全国农产品地理标志查询网. http://www.anluyun.com/。

80.62%，居于最重要地位。畜牧业品牌占 17.83%，水产业品牌仅占 1.55%。在种植业农产品地理标志中，果品类拥有 56 个，占 43.41%，接近全部数量的一半，由此可见，新疆林果业是新疆最主要的特色产业，为培育农产品地理标志和区域品牌奠定了雄厚的产业基础。其次，粮食类农产品地理标志拥有 14 个，占 10.85%，以大米、马铃薯、鹰嘴豆等特色粮食作物为主。蔬菜地理标志共有 14 个，占 10.85%，包括辣椒、洋葱、大蒜等特色蔬菜。其他种植业农产品地理标志数量均低于 10 个。在畜牧业地理标志中，肉类共有 14 个地理标志，占 10.85%，包括鸡鸭、羊肉等特色农产品。见表 3-3。

表 3-3　2021 年新疆不同行业农产品地理标志及所占比例

行业	标志数量（个）	所占比例（%）
种植业类	104	80.62
果品类	56	43.41
粮食类	14	10.85
蔬菜类	14	10.85
药材类	6	4.65

第三章　乡村产业振兴视角下的农业品牌建设评价——以新疆为例

（续表）

行业	标志数量（个）	所占比例（%）
茶叶类	4	3.10
花卉类	3	2.33
油料类	2	1.55
食用菌类	2	1.55
香料类	2	1.55
棉麻蚕丝类	1	0.78
畜牧业类	23	17.83
肉类	14	10.85
蜂类产品类	5	3.88
其他畜牧类	3	2.33
奶制品类	1	0.78
水产业类	2	1.55

5. 铁门关市和石河子市是兵团区域品牌建设较强的兵团

新疆农业生产建设兵团的农业经营水平较高，现代化程度较高，规模化、产业化、机械化比较突出。近年来，兵团各地不断加强品牌建设，通过品牌加快农业现代化发展和转型升级，开拓国内外市场。2021年，兵团农产品地理标志登记的数量累计33个，占新疆总量25.58%。兵团在地理标志认证上居于大约1/4。从表3-4中可以看出，农产品地理标志最多的兵团是第二师拥有8个地理标志，占24.24%。其次是第八师，拥有6个地理标志，占18.18%，其他兵团每个兵团仅拥有3个及以下农产品地理标志。

表3-4　2021年新疆生产建设兵团农产品地理标志建设情况

师市合一	兵团	标志数量（个）	兵团占比（%）	代表性地理标志
阿拉尔市	第一师	3	9.09	六团苹果、五团苹果、三团核桃
铁门关市	第二师	8	24.24	223团苹果、29团香梨、塔里木垦区马鹿胶、31团罗布麻、27团啤酒花、开来红辣椒

(续表)

师市合一	兵团	标志数量（个）	兵团占比（%）	代表性地理标志
图木舒克市	第三师	2	6.06	小海子草鱼、四十八团红枣
可克达拉市	第四师	3	9.09	七十三团大米、六十八团大米、阿力玛里树上干杏
双河市	第五师	2	6.06	博乐红提、八十四团色素菊花
五家渠市	第六师	1	3.03	一〇三团甜瓜
胡杨河市	第七师	1	3.03	乌尔禾垦区白兰瓜
石河子市	第八师	6	18.18	一四八团彩棉、炮台甜瓜、石河子肉苁蓉
塔城地区额敏县	第九师	2	6.06	达因苏牛肉、新疆兵团一七〇团沙棘
北屯市	第十师	2	6.06	北屯白斑狗鱼、新疆兵团一八四团苹果、顶山食葵
乌鲁木齐市	第十二师	2	6.06	头屯河葡萄、西山农牧场马铃薯
昆玉市	第十四师	1	3.03	和田玉枣、和田一牧场雪菊、和田一牧场羊肉

6. 伊犁哈萨克自治州、和田地区和昌吉回族自治州是区域品牌建设较强的地区

2021 年，新疆地方累计登记农产品地理标志数量达到 96 个，占新疆登记农产品地理标志比例达到 74.42%，即大约为全部地理标志数量的 3/4。从地区分布来看拥有最多的农产品地理标志的州地市是伊犁哈萨克自治州、和田地区和昌吉回族自治州，分别拥有 20 个、17 个、16 个农产品地理标志，所占比例分别达到 20.83%、19.79%、16.67%，合计达到 57.29%。其他地州市中，喀什地区、巴音郭楞蒙古自治州和阿克苏地区拥有农产品地理标志较多，分别拥有 9 个、8 个、7 个，所占比例分别为 9.38%、8.33%、7.29%（表 3-5）。

表 3-5 2021 年新疆地方农产品地理标志建设情况

地区	标志数量（个）	占比（%）	代表性农产品地理标志产品
乌鲁木齐市	2	2.08	达坂城蚕豆、米泉大米

(续表)

地区	标志数量（个）	占比（%）	代表性农产品地理标志产品
吐鲁番地区	2	2.08	托克逊红枣、托克逊杏
哈密地区	5	5.21	三塘湖哈密瓜、哈密羊肉
昌吉回族自治州	16	16.67	木垒鹰嘴豆、奇台白洋芋、奇台面粉
博尔塔拉蒙古自治州	—	—	
巴音郭楞蒙古自治州	8	8.33	巴音布鲁克蘑菇、博湖辣椒、尉犁甜瓜
阿克苏地区	7	7.29	柯坪恰玛古、沙雅罗布麻蜂蜜、乌什鹰嘴豆
克孜勒苏柯尔克孜自治州	—	—	
喀什地区	9	9.38	伽师瓜、莎车甜瓜、铁力木小茴香
和田地区	19	19.79	民丰大枣、科克铁热克葡萄、克里阳雪菊
伊犁哈萨克自治州	20	20.83	察布查尔大米、巩留核桃、巩留天山伊贝
塔城地区	2	2.08	裕民无刺红花、安集海辣椒
阿勒泰地区	6	6.25	切尔克齐奶花芸豆、青河阿魏菇、喀纳斯蜜瓜

三、新疆农产品品牌发展的现状

（一）创新培育的农产品品牌较多

新疆棉花、林果、乳业等特色农业产业规模大，具有培育特色农产品企业品牌的良好潜力和优势，很多企业凭借优质特色农产品，采取"公司+基地+农户"等多种方式探索创建众多企业品牌。以加工番茄、辣椒、打瓜等为产品原料的生产加工企业也培育了独特的企业品牌，在国内外市场占有率、影响力不断扩大，消费需求不断增强，价值逐渐提升。在企业品牌不断增加的同时，新疆以优质农产品原料产地为依托，也加强了创建众多农产品区域公用品牌的力度，并取得良好的市场口碑，如阿克苏苹果、库尔勒香梨、吐鲁番葡萄、哈密瓜、若羌红枣等。截至2016年，新疆评审农业名牌产品已累计达到303个（有效期内120个）；中国国际农产品交易会金奖产品82个；涉农中国驰名商标26件、有效期内新疆著名商标 140 件、有效期内新疆名牌产品 134 个;农产品地理标志产品 69 个、原产地证明商标 49 件、地理标志保护产品 27 个(王平,2017)。

(二)农产品地理标志数量增长迅速

新疆的地理标志产品获得认定的数量从 2008 的年到 2022 年得到了快速发展。新疆农产品地理标志登记数量从 2008 年的 2 个增长到 2022 年共 129 个(表 3-6)。新疆农产品地理标志的登记数量比 2004 年大幅度增长。同期全国农产品地理标志登记数量截止到 2021 年已经达到 3 497 件,比 2008 增长了 1 461 件,是 2008 年的 28 倍。新疆农产品地理标志数量在 2008 到 2022 年期间得到了快速发展,与全国平均水平大体相当,但所占全国的比例从 2008 年的 1.6%增长到 2012 年 7.08%高峰后逐渐下降,到 2022 年,所占比例已经下降至 3.69%。

表 3-6 全国和新疆地区全国地理标志产品数量情况

年份	全国累计(个)	新疆累计(个)	占比(%)
2008	125	2	1.60
2009	215	10	4.65
2010	548	29	5.29
2011	848	39	4.60
2012	1 060	75	7.08
2013	1 418	81	5.71
2014	1 631	91	5.58
2015	1 835	102	5.56
2016	2 047	111	5.42
2017	2 285	119	5.21
2018	2 566	121	4.72
2019	2 821	124	4.40
2020	3 311	125	3.78
2021	3 497	129	3.69

(三) 新疆农产品品牌行业集中

新疆是农牧业大省,粮棉、畜禽产品均较为丰富。2021 年,新疆棉花种植面积 250.61 万公顷,产量 512.85 万吨;2021 年末牛羊猪存栏 5 621.97 万头,出栏 4 502.11 万头,2021 年全年猪牛羊禽肉产量 183.08 万吨,较 2020 年增长 16.1%。2021 年全年特色林果产量 1 789.60 万吨,其中,园林水果产量 1 195.96 万吨,坚果产量 130.09 万吨,果用瓜产量 463.55 万吨。在园林水果中,红枣、香梨、葡萄和苹果等园林水果产量分别达到 345.41 万吨、179.59 万吨、326.97 万吨、203.71 万吨。新疆农产品品牌的品类主要集中于新疆瓜果。瓜果类获得农产品地理标志区域品牌的数量为 56 个,占全疆农产品区域品牌数量的 43.41%。近半数的农产品区域品牌集中在瓜果类行业。而作为新疆优势产业的粮食产业区域农产品品牌较少,尚未超过 20 个,畜禽产品也仅有 23 个农产品区域品牌,不足果品类区域品牌的一半,同时占全疆农产品区域品牌数量的比例也较低。详见表 3-7。

表 3-7 2021 年新疆各细分行业农产品地理标志登记情况

类型	农产品地理标志产品		
水果	伊犁苹果	特克斯苹果	阜康蟠桃
	荒地河甜瓜	阿图什木纳格葡萄	伽师瓜
	阿克苏红枣	新和葡萄	顶山食葵
	和田红枣	精河枸杞	库尔勒香梨
	轮台白杏	若羌红枣	库车阿克萨依瓦葡萄
	库车白杏	阿克苏苹果	阿图什无花果
坚果	阿克苏核桃	巴旦木	
蔬菜副食	吉木萨尔大蒜	焉耆大白菜	奇台白洋芋
	焉耆大白瓜子		
畜禽产品	托克逊黑羊	和田黑鸡	唐布拉黑蜂蜜
	尼勒克黑蜂蜜		
粮油	奇台面粉		
中药材	库车药桑	吉木萨尔红花	裕民无刺红花
其他	喀什小茴香	木垒白豌豆	木垒鹰嘴豆

（四）新疆南北区域品牌分布较为均衡

从地理区域看，2021 年，新疆农产品地理标志分布在南疆地区（生产建设兵团的区域品牌已经统计在内）共 61 个，分布在北疆的共 68 个，南北区域分别占 52.71%、47.29%。由此可以看出，新疆南北区域品牌分布较为均衡。详见表 3-8。

表 3-8　2021 年新疆各地州农产品区域品牌分布情况

地区	行政区	农产品区域品牌数量（个）	占新疆区域品牌比例（%）	代表性农产品区域品牌
北疆	阿勒泰地区	6	4.65	顶山食葵、哈纳斯黄豆
	博尔塔拉蒙古自治州	1	0.78	精河枸杞
	昌吉回族自治州	16	12.40	木垒白豌豆、木垒羊肉
	哈密地区	5	3.88	淖毛湖哈密瓜、哈密羊肉
	塔城地区	2	1.55	安集海辣椒、裕民无刺红花
	吐鲁番地区	2	1.55	托克逊红枣、托克逊杏
	乌鲁木齐市	2	1.55	达坂城蚕豆、米泉大米
	伊犁哈萨克自治州	20	15.50	霍城樱桃李唐、布拉黑蜂蜂蜜
	兵团	14	10.85	石河子一四三团蟠桃、乌尔禾垦区白兰瓜
	小计	68	52.71	—
南疆	阿克苏地区	7	5.43	阿克苏苹果、温宿大米
	巴音郭楞蒙古自治州	7	5.43	库尔勒香梨、尉犁罗布麻茶
	和田地区	19	14.73	和田御枣、尼雅昆仑雪菊
	喀什地区	9	6.98	叶城核桃、莎车巴旦木
	兵团	19	14.73	塔里木垦区马鹿茸、四十八团红枣
	小计	61	47.29	—
	合计	129	100	—

四、新疆农产品品牌建设中存在的主要问题

(一) 品牌经营意识滞后

从时间发展阶段来看,新疆农产品品牌化起步相对东部沿海经济发达地区较晚,目前尚处于加快探索阶段,因此,从品牌经营的经验来说,新疆的农产品品牌经营尚未形成系统的方案,仍然需要结合实践工作进行摸索和调整。良好的品牌经营方案需要从品牌创造和品牌运作两个重要方面进行探索。在品牌创造方面,新疆在品牌运营中大多缺乏明确的品牌定位,产品设计包装简单、粗糙,品牌命名方式单一。在品牌运作方面,品牌营销推广渠道过于狭窄,品牌保护意识淡薄,缺乏商标法律知识和保护。因此,在品牌经营特征上,新疆与山东、江苏等地区相比,品牌建设普遍存在"小生产"与"小流通"状况,品牌无形资产的经营能力很低,导致新疆现有农业产品普遍品牌资产不高。此外,新疆农产品精深加工比较滞后,产品附加值较低,其品牌影响力有待进一步深入挖掘。

(二) 品牌集聚效应相对不足

新疆地区农产品品牌多、乱、杂、散、小,无序竞争、恶性竞争的现象仍然较为突出。新疆农产品品牌之间协作乏力、壮大缓慢,同类产品不同品牌间尚未形成区域竞争合力。新疆自身拥有独特的资源优势,具有培育一系列农产品品牌的条件,推动建立发展新疆农产品品牌集聚区域理应具有较好的前景,但从现实来看,新疆农产品品牌比较分散,尚未通过集聚产生品牌优势,新疆农产品品牌的整体形象尚未构建出来。由于缺乏整体的运作能力,新疆现有农产品主要还是依赖历史声誉及口碑促销,相对缺乏将核心价值转化为品牌利润的能力。

(三) 组织体系不健全,政府投入不够

农产品品牌建设是农业产业不断向高质量发展的长期性、战略性任务,非短期内就可以一蹴而就,这需要市场主体(包括企业、合作社和广大农户)长期进行投入,也需要政府不断强化间接性支持。从市场主体情况来看,新疆部分农业企业主体参与农产品品牌建设最为积极主动,成效也颇为显著。

但是，广大农户及合作社对于农产品品牌建设的参与程度很低，缺乏组织化参与模式，很多农民专业合作社无法创建品牌，即使注册登记商标，也基本上没有形成品牌。新疆相关行业协会组织在农产品品牌的组织、协调、服务、监管等方面尚未发挥功能和作用。近几年，新疆各级政府加大了市场开拓力度，加强对新疆优质农产品的宣传，但对树立品牌、维护品牌、宣传品牌等多方面工作有所欠缺，农产品品牌建设的投入、机构、队伍尚不适应"互联网+农业"和"新零售"等新经济形势发展的要求。

（四）区域公用品牌缺乏有效管理和保护

农产品区域公用品牌是新疆农产品品牌建设的重要组成部分，也是较容易形成知名品牌的领域。从新疆品牌建设实践来看，新疆已经创建了一批在全国具有一定知名度的农产品区域公用品牌，例如吐鲁番葡萄、哈密瓜、阿克苏苹果等。但需要注意的是，这些农产品区域公用品牌的管理和保护却不到位。农产品区域公用品牌经营和管理主体缺失，大多数的企业不愿意投入资金和精力创建具有非排他性属性的区域公用品牌。同时，政府部门管理缺位、管理错位现象较为突出，乱用、滥用甚至假冒新疆农产品地理标志产品、原产地证明商标、地理标志保护产品的现象十分普遍。

（五）农产品营销服务相对落后

农产品营销服务作为现代农业服务的重要内容在农业发展创新中起着非常重要的作用。农产品物流一直是新疆农产品营销的薄弱环节，农产品物流管理水平不高，以信息传输服务、市场营销服务和现代物流服务为主要内容的现代农业服务体系发展相对落后。新疆由于运距和运输方式等方面限制，农产品流通链条过长、渠道环节多、周转时间长，农产品流通中产品损耗严重，尤其是生鲜农产品的购货量和实际销售量之间的缺口较大，加大了农民的交易成本。新疆大型农贸市场主要集中于城市，交易条件和市场环境较为简陋，农村市场体系商业网点布局不合理，农村集贸市场规模小，交易方式落后，高效的农超对接一体化营销模式在新疆尚处于刚刚起步和探索阶段。新疆农产品案例营销主要依赖于各级各类农贸市场，现有的农产品专业营销机构规模小，市场覆盖范围有限，无法满足涉农企业对各类市场需求分析与预测、品牌推广和产品促销以及营销人员培训等方面的需求。

第四章 乡村产业振兴视角下农业品牌建设的典型案例

本章选择乌鲁木齐市、昌吉回族自治州、伊犁哈萨克自治州等6个地区进行典型案例分析,并对新疆生产建设兵团农业品牌建设进行分析。从全国农产品地理标志数据的统计结果可以看出,伊犁哈萨克自治州、和田地区、昌吉回族自治州3个地区是新疆农产品地理标志数量最多的三个地州市。本章也重点分析上述三个地区在农产品区域品牌建设的优势和基础,以及品牌建设的基本特征和变化趋势。此外,本章还对上述6个地区和新疆生产建设兵团农业品牌建设的政策体系进行详细阐释和分析,提出农业品牌建设的总体评价。

一、乌鲁木齐市农业品牌建设案例分析

(一) 乳业品牌建设

新疆天润乳业股份有限公司位于新疆维吾尔自治区乌鲁木齐市经济技术开发区,主要开展乳业投资及管理、畜牧业投资及管理、乳和乳制品的生产与销售等业务。天润将优质的新疆产地乳业转化为资源优势,积极构建乳业品牌,并通过互联网等新手段和媒介,逐步扩大了乳业品牌形象。天润乳业品牌建设的成功经验主要包括如下三个方面。

1. 以优良的产品品质作为品牌战略实施的起点

对于任何一类农产品而言,质量是决定品牌建立和发展的最核心因素之一。没有良好的品质作为产品保障,难以建立良好的品牌影响,进而无法提高品牌的市场影响力。乳业在国内市场,一度因为质量安全问题,产生了市场消费低迷等负面波动现象。天润乳业从2016年开始逐步提高低温乳品(酸奶等)的产量,在市场主推该类产品时,公司的研发部门对

低温乳品的质量安全和口感提出了更高的要求,更加重视乳品的全程质量监管,做好奶源地、生产、加工和包装环节的质量安全管控,同时低温乳品以独特风味,立即赢得消费市场的喜爱,对品牌的知名度起到较强的推动作用。

2. 善于结合互联网发展的趋势打造乳品"网红"

乳制品品牌的建立和推广通常都需要较长时间进行构建,需要企业持之以恒地投入和维护。在互联网时代,农产品的品牌传播路径发生了根本性变化,特别是以微博、微信等为代表的社交媒体发展和移动互联网发展,给信息传播的内容、速度、频率带来较大影响。天润乳业通过及时抓住互联网发展机遇,通过个性化、创意化产品的品牌形象,短时间内立即引起消费市场的正向反馈。天润乳业从起初研发的"熟酸奶"产品出发,通过引入创意包装和"酸奶熟了"的个性化图文广告用语,以贴近消费者的方式揭示了产品口味独特之处,形成了独特的品牌效应。在此基础上,天润乳业进一步引入了"巧克力碎了""冰激凌化了……"等"天润体",延伸了天润品牌的吸引力。

3. 充分挖掘新疆农业资源的优势彰显品牌价值

新疆农业资源丰富,在推动农业高质量发展过程中,具有独特的优势。以天润乳业为例,该公司拥有的牧场都是属于北疆优质的天然牧场,牧场靠近天山北麓,通过天山雪水饲养奶牛,在农业资源上体现了生态、绿色等优势特点,加之天润乳业是以兵团农业企业作为支撑,具有良好的管理模式和管理经验,在质量控制、生产管理上建立了非常规范的制度保证。新疆农产品具有的资源优势,完全具备转化为品牌价值的条件。天润乳业在推动乳业产品走出新疆、面向全国市场的过程中,充分结合资源优势,在品牌形象打造上树立起鲜明的特色,对稳步提高市场份额发挥了积极作用。

(二)果业品牌建设

新疆果业集团有限公司(以下简称"新疆果业")是新疆维吾尔自治区供销社控股的大型林果业企业集团,是国家农业产业化重点龙头企业、自治区重点扶贫龙头企业,全国供销总社农业产业化重点龙头企业。该公司构建了"西域果园""天山""丝路宝典"等知名品牌,取得丰富的农产品品牌建设经验。

1. 利用互联网手段加强品牌建设

该公司积极通过互联网,创办发展农产品电子商务,引领电子商务示范区建设和发展。该公司与京东等电商平台进行紧密合作,深度参与京东电商平台举办的各类展销活动和品牌推广活动。例如,该公司借助京东快闪店展销活动,专门打造"西域果园品牌展示区",强化了农产品品牌形象在全国市场范围的宣传和传播,有效地带动了新疆特色农业产业发展和壮大。

2. 依托扶贫工作带动农产品品牌发现和培育

该公司承担了对新疆贫困县的帮扶工作,通过打开市场销路的方式,对贫困县生产的特色农产品进行销售,为新疆果农提高家庭经营收入提供了良好的支撑。该企业十分重视对特色农产品的品牌开发,通过互联网、展销会、展销活动等方式,积极推介新疆特色农产品,并取得成功。例如,该企业与英吉沙县进行合作,对当地特色农产品"色买提杏"实施扶贫帮扶行动,通过品牌策划,完善产品的分级筛选、包装设计、冷链运输等方式,短时间迅速成功打造了"色买提杏"农产品区域品牌,引起了消费市场的广泛认可,提高了产地价格,有效带动了当地农户脱贫增收。

3. 合理控制物流成本,提升品牌影响力

新疆优质农产品在全国市场的影响力还需要进一步提高,很重要的因素是新疆地处我国西部,距离消费市场较远,物流成本较高,导致消费价格较高,影响市场消费和消费者对农产品产品品牌的认识。因此,物流因素阻碍了农产品品牌建设和发展。该公司为了进一步降低物流成本,通过在全国范围重点区域(例如,北京、上海、武汉、长春、成都、西安等)建立分仓的方式,盘活农产品(林果产品)的存储,促使农产品更加快捷地运输到销售终端,稳定全年的农产品物流,从而节约了时间成本、物流成本,提升了物流效率,提高了消费者对产品的认知和购买,逐步扩大了农产品的品牌知名度和影响力。

4. 加强对沿海消费市场开拓,提升品牌知名度

新疆林果等农产品的产量规模大,必须通过销售到全国市场,甚至是通过出口的方式,消化新疆农产品。而在沿海等省份和地区的消费市场,

缺少新疆优质林果产品，市场空间的供求矛盾，为农新疆农产品品牌建设提供了良好的机会。新疆果业通过开设"果叔"专卖店新零售的方式，加快对沿海市场的布局，从而有力提高了新疆农产品品牌在销地的知名度。例如，新疆果业在广州市成立了近40家连锁经营门店，通过稳定的供货渠道，专门化的销售方式，保证了林果产品的品质，有效防止了假冒伪劣产品对新疆优质农产品的干扰和"劣币"驱逐。

二、昌吉回族自治州农业品牌建设案例分析

（一）昌吉回族自治州农产品品牌建设的基础

1. 农业现代化发展水平高

昌吉回族自治州地理位置优越，距离新疆首府乌鲁木齐较近，首府乌鲁木齐农业科技与创新元素较容易渗透到昌吉，新技术、新品种、新机具能够较早在昌吉应用示范。2021年，昌吉全州实现农林牧渔及其服务业总产值265.59亿元，比上年增长7.7%。农、林、牧、渔和服务业占大农业产值的比重分别为57.0%、0.9%、32.5%、1.5%和8.1%。

2. 昌吉拥有丰富的旅游资源促进品牌建设

近年来，昌吉回族自治州以"旅游+农业"作为发展思路，加快挖掘蕴含西域文化、楼兰文化和新疆民俗文化的旅游资源，精心打造生态化的郊野田园、园林化的乡村景观，深度促进农旅融合发展。通过园区建设等手段，推动旅游文化产业集群。

3. 较高的农产品加工水平为品牌多样化发展提供了基础

昌吉回族自治州拥有800万亩耕地和390多家产业化龙头企业，是新疆重要的粮食、棉花、番茄生产基地和农作物制种基地，全疆最大的面粉、食用油加工、供应基地和最大的物流配送中心，辖区7县市76%的农产品通过合作社和龙头企业实现了初级加工，农副加工产品在满足本区域需求同时也远销内地和周边国家市场。昌吉的农产品加工业较为发达，通过对当地原材料的采购加工，形成新的农产品和食品品牌，在地理标志区域品牌基础上，可以衍生产品品牌和企业品牌。

（二）昌吉回族自治州农产品区域品牌建设基本特征

1. 地理标志登记处于一种平稳保持的态势

昌吉每年地理标志登记的数量处于一种平稳保持的态势，2010年和2011年，每年均认证了4项，均占25%，处于登记的最多数量水平。随后从2013—2018年，每年仅保持1~2项农产品进行登记（表4-1）。每年都有新增认证数量，说明了昌吉农产品地理标志区域品牌建设，处于一种稳定发展的增长趋势，没有走盲目模式。但2019—2022年认证没有跟进，不利于区域品牌的持续打造。

表4-1 新疆农产品地理标志数量逐年统计情况

年份	2010	2011	2013	2014	2015	2016	2017	2018	合计
标志个数（个）	4	4	1	2	2	1	1	1	16
占比（%）	25.00	25.00	6.25	12.50	12.50	6.25	6.25	6.25	100.00
代表性农产品地理标志产品	木垒白豌豆	阜康蟠桃	玛纳斯萨福克羊	呼图壁奶牛	木垒羊肉	吉木萨尔白皮大蒜	木垒长眉驼	吉木萨尔鸡	—

数据来源：全国农产品地理标志查询网．http://www.anluyun.com/。

2. 蔬菜类是最主要的地理标志类型

从农产品地理标志的类型来看，昌吉种植业农产品地理标志共拥有12个，占比75.00%，其中粮食类、蔬菜类和果品类分别有3个、5个和3个地理标志，所占比例分别达到18.75%、31.25%、18.75%，其中蔬菜类是昌吉最主要的农产品地理标志类型。畜牧业农产品地理标志共拥有5个，占比31.25%。在畜牧业地理标志中，肉类是最主要的畜牧业地理标志品种，共拥有4个，占25.00%（表4-2）。

表4-2 昌吉不同级别地理名称命名的地理标志分类情况

行业	标志数量（个）	占比（%）
种植业类	12	75.00
粮食类	3	18.75
蔬菜类	5	31.25
果品类	3	18.75

(续表)

行业	标志数量（个）	占比（%）
畜牧业	5	31.25
其中：肉类	4	25.00
其他畜牧类	1	6.25

数据来源：全国农产品地理标志查询网．http：//www.anluyun.com/。

3. 木垒哈萨克自治县是地理标志数量最多的县

从各个县的分布情况来看，木垒哈萨克自治县共拥有4个农产品地理标志，占比为23.53%，是数量最多的县。此外，呼图壁县、奇台县每个县均拥有3个地理标志，两个县占比均达到17.65%，吉尔萨尔县拥有2个地理标志，占比11.76%，阜康市拥有2个地理标志，占比11.76%，昌吉市拥有1个地理标志，玛纳斯县拥有1个地理标志（表4-3）。

表4-3 昌吉不同地区地理标志分布情况

地区	标志个数（个）	占比（%）	代表性农产品地理标志产品
昌吉市	1	5.88	老龙河西瓜
阜康市	2	11.76	阜康蟠桃、阜康打瓜籽
呼图壁县	3	17.65	呼图壁奶牛
吉木萨尔县	2	11.76	吉木萨尔鸡
玛纳斯县	1	5.88	玛纳萨福克羊
木垒哈萨克自治县	4	23.53	木垒羊肉、木垒鹰嘴豆、木垒白豌豆
奇台县	3	17.65	奇台白洋芋、奇台四平头辣椒

数据来源：全国农产品地理标志查询网．http：//www.anluyun.com/。

4. 昌吉区域品牌以县级地理名称命名方式为主

从地理名称命名方式来看，昌吉主要是以县级地理名称作为农产品地理标志名称。昌吉区共有14个地理标志名称来源于县级地理名称，2个地理标志来源于乡镇地理名称，占比分别达到87.5%和12.50%（表4-4）。

表 4-4 昌吉地理标志分布情况

指标	县级	乡镇级
地理标志个数（个）	14	2
占比（%）	87.50	12.50
代表性农产品地理标志产品	阜康打瓜籽、呼图壁奶牛	石梯子洋葱、五工台红薯

数据来源：全国农产品地理标志查询网. http://www.anluyun.com/。

（三）昌吉回族自治州农产品品牌建设政策体系

2017年，昌吉出台了《自治州质量强州战略实施意见》。这份意见不仅针对农业，还针对工业、服务业提出了高质量发展的要求。在总体目标设计上，意见提出，"到2020年，全州质量基础建设明显加强，质量创新能力明显提升，质量意识明显增强，质量安全得到有效保障，质量在经济社会发展中的作用更加突出，经济社会发展质量和效益明显提高。"就农业方面，在产品质量上要全面提升农产品质量，健全质量安全检验检测体系，深入开展质量安全风险监测和高风险产品监督抽查，完善质量安全追溯链条，促使农产品监督抽查合格率达到96%以上。与此同时，积极发展品牌和名牌，开展名牌产品、著名商标、地理标志产品等创建活动。意见提出，到2020年，创新疆名牌产品100个以上，新疆农业名牌产品40个以上，新疆著名商标64件以上，地理标志商标18件以上，农产品地理标志产品17个以上。同时，意见提出，打造区域品牌、开展区域公共品牌创建，培育产业集群区域品牌1~2个，重点推动在国内已经具备一定影响力、竞争力的农牧林果业品牌建设，促进从产品竞争尽快向质量竞争、品牌竞争转型。

2021年，昌吉发布《关于加快农业全产业链培育发展的实施意见》，将棉花（棉纺织）、葡萄及葡萄酒、肉牛肉羊、牛奶、现代种业、粮食、猪禽、加工番茄列为8大重点农业产业加以发展，与此同时，逐步培育鹰嘴豆、红花、打瓜、食葵、籽用葫芦等多个新产业。通过方案的实施，该州将在2025年培育一批年产值超10亿元的农业"链主"企业，培育形成肉牛肉羊和牛奶全产业链价值超50亿元、粮食和棉花全产业链价值超100亿元的产业规模。在这份意见中，也十分重视推动产业集群，加快农业品牌的孵化和培育，推动农业产业规模化、产业化、科技化、品牌化经营持续发展，进而实现农业高质量发展（王薇，2022）。

昌吉州还在种业发展中采取多种品牌发展措施。昌吉制种始于20世纪80年代，具有较长的历史，种业成为当地农业产业中重要的组成部分，特别是杂交玉米、西甜瓜和蔬菜制种别具特色。昌吉州从2018年开始，整合组建昌吉州现代种业产业联合会，统一申报打造"昌吉种子"地理标志，并通过昌吉种交会扩大市场影响力、占有率。凭借种子科技资源集聚的优势，该州已经吸引68家（约占新疆种子企业数量的38%）种子生产企业来该州发展，拥有近百个种业企业品牌（裴逊琦，2022）。

该州下辖的奇台县通过注入科技要素推动农业品牌建设。截至2021年底，奇台县全县累计申报专利520件，其中实用新型专利380多件、外观设计专利60多件、发明专利11件。注册商标1 400多件，其中地理标志商标11件。涌现出了"奇麦特""丝麦耘""金奇""一棵树""古城""腰站子""奇台面粉"等一批社会反响较好的商标，产生了明显的经济效益。

该州下辖的木垒县馕通过打造产业园的方式推动农业品牌建设。该县打造的馕产业园建筑面积2 500平方米，引入19家企业和合作社（阿里食品有限公司、依尔喀巴克村传统"柴火馕"合作社等）入驻，已经形成"产业发展+文化展示+培训就业+旅游观光"的发展模式，推动传统馕文化产业规模化发展，打造"柴火馕"特色品牌。

（四）农产品区域品牌建设评价

1. 科学进行名特优产品品牌定位

昌吉将农产品品牌定位在昌吉地方名优特农产品，突出优质的质量、特色的风味以及较高的知名度和美誉度。根据昌吉统计，加入"昌吉名优特农产品产销联盟"的48家农产品生产加工会员单位，已经在广州、重庆、北京、上海、郑州、烟台等50个城市，建立143个外销网点，销售本州地产农副产品400余种4万吨，销售金额累计达6亿元。可见，科学的品牌定位促进了市场销售的拓展。

2. 利用"互联网+"手段树立品牌形象

"互联网+"品牌建设能够有效快速为品牌发展带来机遇。昌吉采取联通"线上线下"等多种销售方式拓展农特产品疆外销售市场。除了在北京、杭州、厦门、福州、西安等 8 个城市的 21 个新疆名优特农副产品的供应平台之外，还特别在建立了 15 家"昌吉特产馆""淘宝 C 店"建成"新疆农产品直卖网"，实现外销营业额达 1 亿元。根据昌吉州供销社统计，2018 年到现在，全州农村电商销售额达 8.8 亿元，农产品电商销售额占全州电商销售额的 76%，达 6.7 亿元。"互联网+"方式有效为昌吉树立了农产品区域品牌形象，加快了品牌的传播空间范围和持续性。

3. 科技优势有利于品牌持久发展

昌吉拥有国家农业科技园区一个，该园区与中国农业科学院西部农业研究中心合作共建，目标是建成全国农业科技成果转移服务中心西部分中心、国家种业科技成果产权交易中心西部分中心，并成为国家西部果业创新联盟。以国家农业科技园区为代表的昌吉农业科技创新动力强，示范效果显著，有利于运用科技手段改进农产品品种、完善农产品田间技术应用，提高农产品品质和风味，进而为品牌持续建立和传播提供强大的科技保障。

三、伊犁哈萨克自治州农业品牌建设案例分析

（一）伊犁哈萨克自治州农产品品牌建设的基础

1. 农业规模化发展加快促进品牌建设

2021 年，伊犁哈萨克自治州州直实现农林牧渔业总产值 439.70 亿元，同比增长 12.5%。2021 年，种植业、畜牧业、渔业、农林牧渔专业及辅助性活动产值占农林牧渔业总产值的比重分别为 48.0%、47.1%、1.1%、2.1%。2021 年，伊犁哈萨克自治州全州粮食产量突破 600 万吨，增长 4.2%。其他农产品中，棉花、甜菜、水果产量分别达到 46.46 万吨、118.96 万吨、57.57 万吨（表 4-5）。

表 4-5 2021 年伊犁哈萨克自治州主要农产品产量

农产品	全州		州直	
	产量（万吨）	增长（%）	产量（万吨）	增长（%）
粮食（含薯类）	627.85	4.2	311.02	1.4

(续表)

农产品	全州		州直	
	产量（万吨）	增长（%）	产量（万吨）	增长（%）
棉花	46.46	-0.5	2.9	-7.7
油料	15.54	-35.4	7.11	30.2
甜菜	118.96	-14.7	92.73	-10.5
水果（含瓜果类）	57.57	3.8	50.29	3.1

数据来源：伊犁州统计局．伊犁哈萨克自治州2021年国民经济和社会发展统计公报［EB/OL］．http://www.xjyl.gov.cn/info/2208/324902.htm。

2. 具有一定的农产品加工能力

伊犁哈萨克自治州农业生产势力较强，具备发展加工业的条件。伊犁已经培育了大量加工企业，并在加工能力上取得显著进步。2021年，伊犁全州加工成品糖8.80万吨，加工小麦粉37.10万吨，加工食用植物油1.38万吨，加工乳制品3.39万吨。州直地区加工成品糖8.30万吨，加工小麦粉21.40万吨，加工食用植物油0.30万吨，加工乳制品0.10万吨（表4-6）。

表4-6　2021年规模以上工业企业主要工业产品产量

产品	全州		州直	
	产量（万吨）	增长（%）	产量（万吨）	增长（%）
成品糖	8.80	24.8	8.30	-15.3
纱	25.79	25.4	16.40	35.5
小麦粉	37.10	-11.7	21.40	-15.4
乳制品	3.39	13.9	0.10	6.2
饮料酒	18.63	20.7	6.40	33.3
食用植物油	1.38	-51.9	0.30	-57.1

数据来源：伊犁州统计局．伊犁哈萨克自治州2021年国民经济和社会发展统计公报［EB/OL］．http://www.xjyl.gov.cn/info/2208/324902.htm。

3. 农业经营组织化发展有利于培育品牌

伊犁哈萨克自治州拥有众多的农业产业经营组织，有利于通过企业、合作社等组织运作开展农产品品牌建设和品牌传播。2021年伊犁全州拥有农业产业化重点龙头企业291家,其中,国家级9家、自治区级121家。州直拥有农业产业化重点龙头企业153家,其中,国家级7家、自治区级7家。

4. 生态优越有利于扩大高品质农产品生产

伊犁地区生态优越,伊犁素有"中亚湿岛""塞外江南"的美誉。一是水资源丰富。伊犁区域内河流纵横、湿地诸多,特别是知名的伊犁河流经该地区,为农业生产提供了充足的水源。二是物种多样。伊犁地区有丰富的动植物资源,是世界少有的生物多样性天然基因库,成为我国西北重要生态屏障。三是由生态资源优势演化的生态文化优势显著。提到伊犁,就让人联想到生态、优美的景色,伊犁被古人称为"西来之异境、世外之灵壤",被现代人称之为"塞外江南"。

(二) 伊犁哈萨克自治州农产品区域品牌建设基本特征

1. 农产品地理标志认证平稳增长

从表4-7中可以看出伊犁哈萨自治州农产品区域品牌每年认证的变化情况,2011—2016年伊犁哈萨克自治州共申请20个农产品地理标志,其中,2011年申请了4个,2013年共申请了6个,2016年申请了5个,这三个年份是伊犁哈萨自治州申请较多的年份,2013年占比30%,2015年占比15%,2016年占比25%(表4-7)。2017—2022年没有新增农产品地理标志登记。

表4-7 伊犁哈萨克自治州农产品区域品牌建设逐年变化情况

年份	2011	2012	2013	2015	2016	合计
地理标志个数(个)	4	2	6	3	5	20
占比(%)	20.00	10.00	30.00	15.00	25.00	100.00
代表性地理标志产品	察布查尔大米、巩留核桃	唐布拉黑蜂蜂蜜、特克斯苹果	喀拉布拉苹果、昭苏油菜	那拉提黑蜂蜂蜜、昭苏天马	惠远胡萝卜、霍城樱桃李	—

数据来源:全国农产品地理标志查询网. http://www.anluyun.com/。

2. 农产品地理标志以县级地理命名方式为主

从表4-8可以看出,伊犁哈萨自治州农产品地理标志命名方式以县级地理名称命名的共拥有14个，以乡镇及地理名称命名的农产品地理标志共有6个，两者占比分别为70%、30%（表4-8）。

表4-8 伊犁哈萨克自治州农产品地理标志命名情况

地理标志命名方式	县级地理名称命名	乡镇级地理名称命名
数量（个）	14	6
占比（%）	70	30
代表性地理标志产品	霍城树上干、杏巩留核桃	莫乎尔葡萄、唐布拉黑蜂蜂蜜

数据来源：全国农产品地理标志查询网．http：//www.anluyun.com/。

3. 霍城县是伊犁哈萨克自治州农产品地理标志数量最多的县

伊犁哈萨克自治州共辖11个县级行政区，包括3个县级市、7个县、1个自治县。其中，察布查尔县等7个县共拥有20个农产品地理标志。霍城县有5种农产品进行了农产品地理标志登记，数量最多，占比25%。其次是巩留县和昭苏县，这两个县每个县均登记了4个农产品地理标志，所占比例均为20%。新源县登记了3个农产品地理标志，特克斯县登记2个农产品地理标志，察布查尔县和尼勒克县各登记了1个农产品地理标志（表4-9）。由此可见，霍城县是伊犁哈萨克自治州农产品地理标志登记的最主要的县。

表4-9 伊犁哈萨克自治州不同地区地理标志分布情况

县级	地理标志数量（个）	占比（%）
察布查尔县	1	5.00
巩留县	4	20.00
霍城县	5	25.00
尼勒克县	1	5.00
特克斯县	2	10.00
新源县	3	15.00
昭苏县	4	20.00

数据来源：全国农产品地理标志查询网．http：//www.anluyun.com/。

4. 果品类是伊犁农产品地理标志最多的类型

在伊犁哈萨克自治州登记的20个农产品地理标志中，种植业农产品地理标志共有16个，占比80%。畜牧业农产品地理标志共有4个，占比20%。因此，种植业农产品地理标志是伊犁农产品地理标志的核心。种植业农产品地理标志中，共有果品类农产品地理标志8个，占40%。粮食类农产品地理标志3个，蔬菜类农产品地理标志2个，香料类、油料类、药材类农产品地理标志3类各一个。果品类是伊犁登记农产品地理标志数量最多的类型，包括3个苹果地理标志，1个核桃地理标志，1个樱桃李地理标志，2个干杏地理标志，1个葡萄地理标志。畜牧产品地理标志中，蜂类产品共有3个地理标志，肉类1个地理标志（表4-10）。

表4-10 伊犁哈萨克自治州农产品地理标志分布情况

行业	地理标志数量（个）	占比（%）
种植业类	16	80.00
粮食类	3	15.00
油料类	1	5.00
蔬菜类	2	10.00
果品类	8	40.00
香料类	1	5.00
药材类	1	5.00
畜牧业	4	20.00
蜂类产品类	3	15.00
肉类	1	5.00

数据来源：全国农产品地理标志查询网．http://www.anluyun.com/。

（三）伊犁哈萨克自治州农产品品牌建设政策体系

1. 开展农业产业协会建设

建设农产品区域品牌的重点难点是农产品区域品牌的知识产权维护缺失主体。品牌建设和创建相对容易，品牌维护需要长期监督和动态管理。由于区域品牌是一个以地理空间为基础命名的品牌，不属于任何一家企业或者农民个人。因此，在品牌的运作和管理上也缺乏对应的主体，没有主体责任。伊犁哈萨克自治州针对这些现象，积极培育农业特色产业的协会，通过协会担任责任主体，推动农产品品牌建设。目前，伊犁哈萨克自治州农牧企业联合会（商会）和薰衣草产业协会已获批成立，禽业产业协会、蜂业协会、大米协会的申报工作也正在进行，红花产业协会、黑小麦产业协会、粮油协会等3个州级协会也进入成立筹备阶段。

2. 设计区域品牌形象

近年来，伊犁哈萨克自治州加快农产品统一标识和包装建设工作。统一的标识和包装有利于树立统一的品牌形象，通过品牌形象宣传，增加消费者的认可度、忠诚度。目前，伊犁主管部门已经开展了"伊犁薰衣草""伊犁蜂蜜""伊犁树上干杏""伊犁苹果""伊犁牛肉""伊犁羊肉""伊犁葡萄""伊犁黑小麦""伊犁马肉""伊犁大米""伊犁菜籽油"等11个伊犁农产品区域公用品牌图标和外包装设计方案。

3. 开展人员培训

建设品牌和提高品牌知名度，需要一整套营销方案和设计，不可能仅仅通过改进包装、张贴标章等方式一蹴而就，需要从生产、加工、流通各个环节加以完善品牌的应用推广与动态管理。因此，开展培训显得尤为重要。伊犁在打造区域品牌的过程中，对企业、合作社以及农民进行了品牌建设培训，转变他们的经营理念，促进他们协同管理品牌、建设品牌、发展品牌，促使品牌建设形成"一盘棋"的工作模式。

（四）伊犁哈萨克自治州农产品区域品牌建设评价

1. 质量管控

加强无公害、绿色和有机农产品认证，以及农产品地理标志登记是推动农产品质量管理的重要途径。伊犁农业主管部门积极联合市场监督等部门制定出台相关政策措施，积极加强农产品质量的提高。质量是品牌持久发展的核心因素。缺少质量的管控，将损害品牌的声誉、美誉度，破坏品牌建设取得的市场效果。伊犁围绕品牌建设，从品牌终端向前倒逼生产阶段、流通阶段的质量安全控制，有利于建设长期应用的品牌。

2. 品牌形象

伊犁农业局拟打造以"伊犁"命名的农产品区域品牌，并积极向有关上级部门进行了地理标志的申请、登记。以乡镇地理名称命名或者以县级地理名称命名，难以打造影响力更大、市场辐射面更广的农产品品牌形象，必须升级地理名称命名方式。以"伊犁"的地理名称加以命名，比较适合面向全国市场的开拓，容易得到全国市场消费者的认可与青睐。

3. 品牌定位

伊犁农业资源环境优越，生态环境优美，旅游文化内涵丰富，十分适宜打造高端高质量农产品品牌形象。因此，伊犁在品牌定位上应当做好质量文章，将质量摆在突出位置，与伊犁"塞外江南"等美誉相契合。品牌定位在优质特色农产品上，将会迎来更多的市场消费潜力、品牌认可度和忠诚度。

四、阿克苏地区农业品牌建设案例分析

新疆是我国农业重要生产地区，具有培育发展特色农业产业的较强优势，为满足消费者需求做好农产品供给保障。阿克苏地区位于新疆南部，具有创建特色鲜明、优势集聚、市场竞争力强的特色农产品优势区良好的条件，近年来不断强化农产品品牌建设，推动了生产基地发展、改善物流仓储、完善质量安全管理，培育塑造了一批农产品品牌、区域公用品牌和企业品牌。开展农产品品牌建设对于新疆现代农业发展和促进农民增收具有重要意义，一方面，能够通过品牌构建和发展推动农业现代产业转型升级，促进农业高质量发展，赢得消费市场认可。另一方面，将通过品牌溢价等方式促进带动新疆农户脱贫、增收致富，通过品牌延伸促进农户生产更加优质安全的农产品。

（一）阿克苏农产品品牌建设的主要优势

阿克苏地区总面积13.13万平方千米，辖8县1市、85个乡镇、12个片区管委会、11个街道办事处，总人口251万（不含阿拉尔市）。阿克苏地区位于新疆天山南麓、塔里木盆地北缘，地处南疆中部，因自然环境优越，气候条件适宜农业发展，盛产多种特色农产品，具有培育国内外知名品牌的良好基础。农产品品牌建设的优势因素来看，主要包括资源优势、产业优势、区位优势、文化优势四个方面。

农业资源优势。阿克苏因水得名，维吾尔语意为"清澈奔腾之水"。阿克苏地区具有独特的水土光热资源条件，水资源量仅次于伊犁，塔里木河年径流量的74%为阿克苏河下泄水。阿克苏地区目前拥有耕地920万

亩,由于农业生产区日照时数2 800小时以上,昼夜温差大,无霜期长,适宜多种农作物和林果种植栽培,素有"塞外江南""瓜果之乡"的美誉。

产业优势。阿克苏地区农林产业发展较快,棉花总产量占全国的1/6、占新疆的1/3,长绒棉产量占全国的90%以上,是国家优质商品棉基地、自治区纺织服装产业"三城七园一中心"的重要组成部分,被誉为"中国长绒棉之乡"。阿克苏地区特色林果面积450万亩,是新疆薄皮核桃、红枣和香梨等优质特色果品主产区和环塔里木盆地特色林果基地,阿克苏的苹果、核桃、红枣为2008年北京奥运会指定果品,阿克苏享有"中国小白杏之乡""中国红富士苹果之乡"的美誉。

区位优势。从新疆内部来看,阿克苏地区地处南疆中心,属于靠边居中位置,500千米半径可辐射至喀什、和田、克州、巴州、伊犁等地区,是沟通天山南北的关节点、向西开放的前沿地。从新疆外部来看,阿克苏地区接吉尔吉斯斯坦、哈萨克斯坦两国,位于乌什县境内的"古丝绸之路"上的重要通道——别迭里口岸距吉尔吉斯斯坦首都比什凯克300千米,以此进入欧洲市场,可以将欧亚大陆桥距离缩短1 200千米。良好的区位优势可以促进农产品品牌在国内外传播营销。

文化优势。阿克苏地区拥有灿烂的文化和历史,世界四大文明在此交汇,东西方文化在这里交融,阿克苏地区在历史上曾经孕育出独具特色的"龟兹·多浪"文化、"屯垦·军旅"文化,这些文化和历史元素可以为当地农产品品牌建设提供了更加丰富的养分。阿克苏地区是一个多民族聚居区,除了汉族之外,还有维吾尔族、回族、蒙古族、哈萨克族、柯尔克孜族等35个民族。由于少数民族群众聚集,产生了大量民间歌舞表演,阿克苏地区素有"歌舞之乡"的美誉。同时,阿克苏地区拥有较多品位高、类型复杂多样的旅游资源,包括沙漠、胡杨林、塔里木河、天山峡谷、雅丹地貌、托木尔雪峰等,拥有全国74个旅游基本类型中的35个。

(二) 阿克苏农产品品牌建设成效

阿克苏地区目前注册登记的农产品商标累计达到2 091件。"宝园"核桃、"天山贡"红枣、"红旗坡苹果"3个产品被评为"中国名牌产品""阿克苏红枣""阿克苏核桃"等8个产品获得新疆著名商标;"阿克苏红枣""阿克苏核桃""阿克苏苹果""库车白杏"等15件地理标志证明商标通过国家工商总局注册认证。阿克苏不断强化品牌建设和管理，持续推动品牌创建和"三品一标"认证。以2021年为例，阿克苏苹果、阿克苏核桃、沙雅罗布麻蜂蜜、沙雅罗布麻茶、库车小白杏5个农业品牌入选全国名特优新农产品。截至2022年4月，阿克苏地区已获得有效期内的农产品绿色食品证书89个，主要涉及果品、粮食类产品，并新增了畜产品。从2017年开始，阿克苏地区还积极推动优质特色农产品基地建设，明确将打造百万亩优质林果产业基地、十万亩优质粮食产业基地、一万吨优质牛羊肉生产基地作为目标。其中，阿克苏地区优质特色林果已创建认证"全国绿色食品原料标准化生产基地"67.54万亩。

（三）阿克苏农产品品牌建设政策体系

阿克苏地区积极推动农产品品牌建设，出台了详细的政策方案，先后起草出台了《阿克苏地区优质特色农产品品牌培育管理工作实施方案》《阿克苏地区绿色农业品牌建设实施方案》《阿克苏地区名牌产品和驰名（著名）商标奖励办法》《推进农业产业化"十城百店"工程建设实施意见》等政策文件。根据现行政策，阿克苏以农产品品牌建设为引擎，不断强化基地建设，阿克苏目前拥有红枣40万亩、30万亩核桃、20万亩苹果、10万亩香梨，在此基础之上，将特色优质林果产业基地稳定保持在百万亩，将进一步加强建设10万亩优质特色粮食产业基地，其中拟建设5万亩水稻，3万亩小麦，2万亩玉米和杂粮。在畜牧业方面，围绕农产品品牌建设，打造1万吨优质牛羊肉产业基地，按照"公司+基地+农户"的经营模式，改善饲养管理，保证牛羊肉品质。根据《阿克苏地区名牌产品和驰名（著名）商标奖励办法》（后简称《奖励办法》），新增加获得"全国知名品牌示范区""全国质量强市示范区""中国质量奖"的企业，将有阿克苏地区行署一次性奖励50万元，新增加获得"中国驰名商标"企业或者"地理标志产品"运作主体，由地区行署一次性奖励30万元，新增加获得"新疆名牌产品""新疆著名商标""新疆农业名牌产品"的企业，由地区行署一次性奖励20万元。为了进一步鼓励企业或者其他主体创造宣传品牌，《奖励办法》还规定，获奖企业把奖励资金的50%用于建设创建新品牌，50%用于奖励企业法人和相关主要参与人员。

(四) 对口支援新疆政策对阿克苏农产品品牌建设的影响

近两年,阿克苏地区借助浙江对口支援新疆的配套措施,积极发展特色农业产业,强化农产品品牌建设,取得良好的市场预期。根据统计,阿克苏的苹果、香梨、核桃、红枣、牛奶、羊肉等农产品2017年在浙江销售数量就已经达到11.25万吨,销售额达到14.76亿元,实现了产业提振和农民增收的双重目标。2017年,阿克苏地区"疆果东运"辐射带动产业基地农民数量达到11.43万人,其中,辐射带动贫困农户2.26万人。此外,该项援疆工程还带动了浙江企业参与阿克苏农业产业链项目建设,引进农产品生产、加工企业近10家。以浙江销地市场构建为导向的"疆果东运"工程对阿克苏地区农产品品牌建设起到良好的促进作用。2020年,浙江省援疆指挥部积极落实《打造"十城百店"工程升级版三年行动计划》,进一步强化新疆农产品品牌引领,通过实施线上线下相结合的营销活动、100个经销实体店布局行动、优化仓储运输措施等7大行动,进一步提升了"疆果东运"工程品牌培育效果,助销农产品57.8亿元,促进了新疆阿克苏地区农产品销售。

1. 促进农产品生产标准化发展

长期以来,阿克苏地区农产品品牌建设面临的最主要困难之一就是农产品的标准化发展相对滞后。在生产环节实施标准化,是保证农产品品质的重要途径。农产品生产不同于工业制品生产,受自然因素影响,产品的品质很容易随年份、季节和地区出现差异。采取标准化,就是将影响终端农产品差异的因素进行适当消除,尽可能将生产操作技术流程在统一的范围内,比如,采购相同型号种子,使用标准化的有机肥或者化肥等农资产品,采取相同的作物种植田间管理技术,以及对收获采摘之后的农产品按照标准进行分级分类,最终实现特色农产品在品质上差异较小,有效稳定农产品的品质和质量,为农产品品牌创造作保障。

2. 改善了阿克苏地区农产品仓储物流条件

阿克苏地区以及新疆其他地区的特色农产品在全国范围开展销售,主要面临的困难是销售空间距离较大,运输和物流成本相对较高。由于新疆特色农产品,降低物流运输成本的重要途径之一是在主销区建立仓储中心,通过科学布局物流节点,采取基地直采,冷链运输的方式,能够优化物流网络布局，最终到达降低成本、提高流通效率的目标。阿克苏地区实施的"疆果东运"工程，最重要的做法是在浙江省域内构建主销区公共仓，将新疆产地仓储转移前置在主销区建设。《浙江市场援疆"十城百店"工程扶持办法（试行）》对农产品公共仓建设提供补助资金，支持公共仓建设投入。此外，浙江开展"十城百店"工程，也针对阿克苏企业给予运费补助，进一步降低运输成本，让利新疆农业企业。

3. 创新了农产品品牌建设的模式

过去，阿克苏地区农产品品牌建设主要通过消费者口碑传递实现，农产品品牌建设的历程长、速度慢、影响范围相对有限。随着疆果东运的开展，浙江省内创办 100 家左右的实体门面店，有效拉近了阿克苏产地与消费者市场之间的距离。通过实体店进行专门销售，消费者对阿克苏农产品品牌的认知和体验更加直接、简单、便捷，高质量农产品的品牌形象更加容易建立，实体店还能够与网络营销进行结合，形成线上线下一条龙销售模式，在农产品品牌的传播宣传的范围更加广泛。

4. 提高了阿克苏地区农产品品牌知名度

浙江省内建设的阿克苏农产品销售"十城百店"辐射范围广，销售网点布局密，采取了消费者适宜的连锁经营性质，便于消费者认知和消费，短期内较快树立农产品品牌形象，并传播农产品品牌在市场上的影响力。"十城百店"不仅搭建了阿克苏地区等新疆特色农产品的销售终端平台，还统一打造"驿疆南"品牌，统一设计包装和品牌标志，同步启动了品牌宣传专题推介展销活动，在浙江省各主流媒体进行整体宣传推介，在城市地铁站台、公交站台推出了"驿疆南"品牌宣传专题广告，增加了阿克苏农产品品牌市场宣传力度，引发消费者持续关注，对培育消费者品牌忠诚度起到良好的引导作用。

5. 加强对原产地农产品品牌的保护

在主销区市场建立阿克苏地区农产品专卖店，对于品牌的保护和管理起到良好的支撑作用。由于专卖店流通渠道可信性增强，消费者选购的便利化程度大幅度提升，假冒阿克苏地区农产品的销售难度加大，通过执法手段维护农产品品牌的行动也变得更加积极主动。以"阿克苏苹果"维权打假专项行动组为例，2017 年在浙江、上海等地共查获假冒"阿克苏苹果"共计 58 282 箱，工商、市场监管部门共立案查处 26 起，货值金额约233万余元,有效维护了农产品品牌的经济权益。从2018年12月22日至2019年1月19日,打假维权专项行动组先后赴浙江、上海、江苏、河南等11省15市1县开展打假维权行动,查获假冒侵权"阿克苏苹果"4.03万箱(304.16吨),案值360余万元(陈露露,2019)。2020年,阿克苏地区苹果协会发现某公司在电商平台中售卖宣称为"阿克苏苹果"的商品,经鉴定,该苹果并非来源于商标所管理的产地,为侵权商品,为此,阿克苏苹果协会将该公司诉至法院,最后判决被告公司赔偿原告60万元,对侵权行为进行有力地惩处(郭其钰,2021)。

(五)阿克苏地区农产品品牌建设亟需解决的问题

在阿克苏地区农产品品牌建设取得一定成功经验的同时,也应当看到,农产品品牌建设是一项长期任务,是具有战略性质的任务,不能将当前农产品品牌建设取得的成功等同于持续成功。现代市场经济的竞争是非常激烈的,农产品品牌建设需要不断创新,适应市场动态变化,才能保持持久的影响力,稳步提高农产品品牌资产。

1. 互联网技术在品牌建设中应用不充分

近年来,我国电子商务交易规模不断扩大,并保持较高速度增长,刺激了中国网络经济繁荣。数据显示,2021年全国电子商务交易额达到42.3万亿元,同比增长19.6%,两年平均增长10.2%。我国网络零售规模已经处于世界领先地位,截至2021年6月,我国网络购物用户规模达到8.12亿人。快速发展的网络经济模式改变了传统新疆农产品销售和物流方式,也对农产品品牌建设的模式产生较大的影响。多年来,阿克苏地区通过优良的农产品品质和口碑,赢得了消费市场的认可,但是,在未来,如何面对80后、90后为代表的新消费群体,如何应用各种移动互联网技术和手段来策划、宣传和推广品牌,已经变成一个新的课题。移动互联网发展背景下,既给阿克苏地区农产品品牌建设提供了良好的机遇,也提出了新的挑战。

2. 品牌创新不足

从阿克苏农产品品牌建设的实践来看,阿克苏的农产品区域公用品牌比企业品牌建设得更好,主要原因是区域公用品牌的成功创建和推广更加依赖该地区农产品自身的品质,其他创意元素对区域公用品牌的影响程度相对较低。但这样的农产品品牌创建模式较为单一,不利于长期培育和壮大品牌。从企业层面,能够结合创新因素对品牌提出更富有深层次的创造,能够提出更加具有市场影响力的品牌运作方案。例如,结合当前市场热度较高的"新零售"概念推动品牌建设与管理。以区域公用品牌、企业品牌构建实施母子品牌策略,也是推动阿克苏地区农产品品牌创新发展的重要选择,但阿克苏地区这些方面的探索还处于探索阶段,缺乏成功的案例和典型。

3. 农产品品牌形象有待进一步完善

品牌形象是品牌资产的重要前因变量,企业通过对品牌形象的树立,在公众或消费者心中所产生的结果。品牌形象是指企业及其品牌在社会公众心目中所表现出的个性特征。对消费者来讲,品牌形象是消费者对品牌的总体感知和看法,它影响并决定人们的购买与消费行为。根据美国学者贝尔的三维度模型(Alexander L. Biel, 1993),公司形象、使用者形象以及产品或服务自身形象三者共同构成品牌形象,消费者对品牌的联想是品牌形象产生的原因。消费者的联想分为"硬性"和"软性"两个方面。"硬性"属性,是消费者对品牌的功能性、有形性等方面的认知。相对而言,"软性"属性是指品牌的情感因素。良好的品牌形象需要从实际操作上树立品牌,也要通过适当的方式进行传播宣传品牌。目前阿克苏地区农产品的总体品牌形象还处于有特色的农产品形象上,缺乏对品牌形象内容的丰富和内涵的挖掘。阿克苏地区农产品品牌形象应以优质优价为主要目标进行打造,在绿色生态、品质口感优良的基础上,融入更多创新元素,例如营养成分的宣传、包装外形的设计、营销宣传内容和手段的创新、质量安全管控的数据录入等。

4. 农产品品牌建设人才缺乏

阿克苏地区地处祖国边疆,面积较为辽阔,人口数量相对较少,2020年年末地区常住人口数为271.44万。阿克苏乡村人口占总人口比重在65%左右,乡村劳动力总体素质尚需要进一步提升。推动品牌建设、实施品牌发展战略是专业化市场营销活动,需要专业人员进行品牌设计、品牌创造以及品牌运作。阿克苏地区农产品品牌建设专业人才相对匮乏,只有当地农业企业在品牌建设方面具有少量人才储备。总体而言,品牌专业人才不能满足该地区农产品品牌建设长期发展需要。

五、和田地区农业品牌建设案例分析

(一) 和田地区农产品品牌建设的基础

1. 独特的光热资源造就农产品特色品质

和田地区是我国光能资源较丰富的地区,该地区太阳总辐射量大,平原区年总辐射量为 138.1~151.5 千卡/平方厘米,仅次于青藏高原,优于同纬度的华北平原及长江中下游地区。6—9 月是和田地区光能利用得最佳的时间,4 个月的时间里光总辐射量可达 61 千卡/平方厘米,占全年总辐射量的 42.7%。和田地区日照时数长,日照百分率大,全年日照时数达 2 470~3 000 小时,光质优越。同品种的果树、蔬菜,果实在本地区着色浓、色艳,品质一般超过原产地。和田平原区年平均温度 11.6℃,在农作物成长的旺季,拥有非常丰富的热量,其中 10℃ 的积温为 4 200 ℃,对本地区农业生产极为有利,且温差大,有利于农作物光合产物的累积,可增加瓜果的含糖量和棉铃重量。和田少雨干燥,平原区年降水量为 13.1~48.2 毫米,年蒸发量达 2 450~3 137 毫米,干燥度大于 20,有利于晒制各种干果和棉花吐絮,不利于病虫害的发生。冬季降雪少、少阴天,从 10 月至来年 2 月阳光充足,适合发展设施农业。

2. 初步形成品牌影响力

自古以来,和田就以玉石出名,为农产品区域品牌建立奠定了历史文化基础。和田地区已经基本形成了一定的品牌影响力,树立了农产品品牌。和田地区大力实施品牌战略,加强了品牌的建设和保护,成功地申报了以大枣核桃为重点农产品的地理标志产品,其中红枣商品,注册商标达到 30 多个,涌现了和田玉枣,西域公社、莫红和田骏枣等一批红枣知名商标品牌,并在交易会博览会上获奖。同时,和田农业产业经营组织发展壮大,发展了玉都枣业,兴园果业等产业龙头企业,这些企业进一步引领带动红枣产业发展。营造宽松发展环境,加大政策扶持,促进企业尽快做大做强,全地区已引进玉都枣业、鑫园金果、昊坤农业、昌和枣业、腾达枣业、兴翔果业等 20 多家红枣产业化企业,年加工 2 万吨,其中自治区级 6 家,红枣专业合作社 120 多家,初步形成了"龙头企业、专业合作社+基地+农户"的产供销相衔接的机制。

(二) 和田地区农产品区域品牌建设基本特征

1. 2013 年集中进行农产品地理标志登记

和田地区 2011 年登记 2 个农产品地理标志，2012 年登记一个地理标志。2013 年和田地区共登记了 12 个农产品地理标志，占全部农产品地理标志的 70.59%。2014 年到 2016 年，每年都没有新增的农产品地理标志，2017 年登记 2 个地理标志（表 4-11）。登记数量波动较大，表明和田地区在农产品品牌建设上具有很大的潜力和资源条件优势，但是该地区的农产品品牌建设在 2013 年大已经达到了一个峰值，此后 3 年登记停滞。

表 4-11 和田地区不同年份农产品地理标志数量变化情况

项目	2011 年	2012 年	2013 年	2017 年	合计
地理标志数量（个）	2	1	12	2	17
占比（%）	11.76	5.88	70.59	11.76	100
代表性农产品地理标志产品	和田御枣	尼雅昆仑雪菊	策勒石榴、民丰大枣、皮山山药、于田红柳大芸	尼雅羊肉	—

数据来源：全国农产品地理标志查询网. http://www.ANLUYUN.com/。

2. 果品类是和田地区农产品地理标志最多的类型

和田地区农产品地理标志主要包括种植业和畜牧业两大类别。种植业农产品地理标志共有 14 个，畜牧业共有 3 个，分别占比为 82.35%、17.65%。因此，种植业农产品地理标志占主流。在种植业农产品地理标志中，果品类共有 8 个，是主导类型，占全部农产品地理标志的比例达到了 47.06%（表 4-12）。花卉类共有一个地理标志，蔬菜类、香料类、药材类各有一个地理标志。由此可见，果品类是和田地区农产品地理标志数量最多的类型。

表4-12 和田地区农产品地理标志不同类型统计情况

类型	标志数量（个）	占比（%）
种植业类	14	82.35
其中：蔬菜类	1	5.88
果品类	8	47.06
茶叶类	2	11.76
花卉类	1	5.88
香料类	1	5.88
药材类	1	5.88
畜牧业	3	17.65
其中：肉类	3	17.65

数据来源：全国农产品地理标志查询网. http：//www.anluyun.com/。

3. 民丰县是和田地区农产品地理标志最多的县

分地区来看，和田地区共登记17个农产品地理标志，其中最多的县集中在民丰县，共拥有5个，所占比例达到29.41%，其次是皮山县，共登记4个，占比达到23.53%。其他县和地区来看，策勒县登记三个地理标志，于田县登记三个地理标志，和田市登记一个地理标志，洛浦县登记一个地理标志。详见表4-13。

表4-13 和田地区不同区域地理标志情况

地区	地理标志数量（个）	占比（%）
和田市	1	5.88
策勒县	3	17.65
洛浦县	1	5.88
民丰县	5	29.41
皮山县	4	23.53
于田县	3	17.65

数据来源：全国农产品地理标志查询网. http：//www.anluyun.com/。

4. 和田地区区域品牌以县级地理名称命名方式为主

从地理标志使用的地理名称来看，和田地理以县级地理名称作为农产品地理标志的共有 10 个，以乡镇地理名称作为农产品地理标志名称的共有 7 个，所占比例分别为 58.82%、41.18%。见表 4-14。由此可见，和田地区的农产品地理标志是以县级地理名称命名为主导。

表 4-14　和田地区不同级别地理名称命名的地理标志分类情况

项目	县级	乡镇级
地理标志数量（个）	10	7
占比（%）	58.82	41.18
代表性农产品地理标志产品	策勒小茴香、于田麻鸭	尼雅昆仑雪菊、科克铁热克葡萄

数据来源：全国农产品地理标志查询网.http://www.anluyun.com/。

（三）和田地区农产品品牌建设政策体系

2006 年，《和田地区行政公署办公室关于加强农产品商标和地理标志申请注册工作的实施意见》就已经出台。为了进一步促进农业高质量现代化发展，和田市专门成立了电子商务进农村综合示范工作领导小组办公室，统一领导农产品品牌建设以及电子商务营销。

第一，2018 年，和田市《国家级电子商务进农村综合示范项目工作实施方案》发布，根据这个方案，和田市又制定了《农产品质量体系建设实施方案》，从质量体系的角度对《国家级电子商务进农村综合示范项目工作实施方案》进行落实和细化。具体来说，《农产品质量体系建设实施方案》的基本的指导思想就是突出无公害标准化生产基础构建，并以生产体系为基础打造和田市域内农产品质量安全体系。建设目标是：通过 3~4 年的时间建立健全农产品标准化生产体系，并以生产体系为基础，构建市场准入体系、质量安全检测体系、监管体系、质量追溯体系等各类体系。《农产品质量体系建设实施方案》的具体措施包括以下几个方面：一是构建农产品市场准入的体系，二是建设农产品质量安全的追溯体系，三是打造规范的市场流通体系，四是构建农产品质量安全监管的体系，五是建设农产品标准化生产体系，通过创建一批无公害农产品市场、绿色农产品、有机农产品，努力打造世界级品牌和国家级农产品名牌产品。

第二，和田市根据《和田市电子商务进农村综合示范项目实施方案》还制定了《和田市推进农产品现代流通标准体系建设实施意见》（后简称为意见）。意见的重点是构建现代流通体系，具体目标包括提高流程效率、降低流通成本、保障质量安全、流通质量安全。重点解决的是"农产品出现的卖难和质量安全问题"。意见计划在2~3年时间内，初步建立公益性农产品市场网络体系，有效发挥公益性设施保障，促进农产品市场健康运行；到2021年，农产品市场网点进一步健全流通模式，创新流通效率进一步提升，环境进一步改善，农产品的流通更加高效畅通安全和有序。措施包括：一是加快公益性农产品市场体系的建设，二是探索建立冷链物流的体系，三是建立和完善农产品追溯体系，四是推动电子商务进农村。

第三，和田市于2019年1月2日根据《和田市电子商务进农村综合示范项目实施方案》制定发布了《和田市电子商务进农村综合示范项目农村品牌培育体系建设方案》。这份方案的总体思路是以国家级电子商务进农村综合示范为目标，挖掘和田当地特色农产品的核心价值和文化内涵，打造品牌体系，培育品牌建设主体，进一步实施农产品品牌战略，提高特色农产品商品化率和电子商务交易比例。具体实施措施包括：一是组建强有力的品牌营销团队；二是着力打造农产品公共区域品牌；三是建立适应品牌打造需要的农产品标准体系，比如改进生产技术、优化生产布局等；四是构建"互联网+品牌农产品"的营销模式，更加适应互联网电商发展的趋势；五是建设农产品追溯体系，保证质量安全。

（四）和田地区农产品区域品牌建设评价

1. 品牌形象具有良好的基础

和田地区因为盛产玉石，在国内外享有较强的知名度。凭借这样优势的地理名称，命名的农产品区域品牌在品牌形象上具有天然的优势，结合农产品特色和质量，容易提升农产品品牌形象、美誉度。和田地区应逐渐扩大区域品牌在不同品种农产品的应用，运用统一的手段进行品牌整合，建立相应的管理标准，促进农业产业协会的壮大，进一步提升和田的知名度。

2. 品牌定位尚需要进一步理顺

由于农产品种类多样，以及生产者的众多导致了品牌的定位较难以把握。缺乏科学的品牌定位，必将导致品牌无法走得更远。市场竞争条件比较激烈，必须对和田地区的农产品区域品牌进行准确定位。和田地区应加快探索如何促进农户经营分散共同协作，如何通过有效的政策措施促进生产者进行联合，目前已经组建行业协会如何继续发挥行业协会在品牌建设的引领作用。

3. 品牌建设的质量管理标准还有待加强

农产品区域品牌的关键因素是质量安全。在消费者对农产品质量安全要求不断提高的情况下，必须建立一整套让消费者信任的质量安全体系，生产方式采用哪些具体种植标准、流通环节和加工环节采用了哪些加工标准，以及在质量安全可追溯上又有哪些标准可以作为依据，都是制约农产品质量安全的关键因素。和田地区应当加快构建从田间到餐桌的标准体系，通过标准的整合、衔接、升级带动农产品质量安全水平的提高，为品牌美誉度提供更加可靠的质量保障。

六、阿拉尔市农业品牌建设案例分析

（一）阿拉尔市农产品建设基础

1. 良好的自然资源和环境为高品质农产品生产奠定了基础

阿拉尔市是新疆维吾尔自治区直接管辖的县级市，由新疆生产建设兵团管理，与新疆生产建设兵团第一师实行市师合一管理体制。阿拉尔市在地理位置上处于天山南麓，与阿克苏、和田等地区接壤，土地资源相对充裕，现有农用地24.3万公顷，其中耕地13.7万公顷，林地4.06万公顷，水域8.5万公顷，草场2.77万公顷，尚有未利用土地33.7万公顷。阿拉尔市属于暖温带极端大陆性干旱荒漠气候，年均气温10.8℃，日照2 556.3~2 991.8小时，日照率5 869%，垦区太阳辐射年均133.7~146.3千卡/平方厘米，年降水量40.1~82.5毫米，有利于棉花和林果业作物生长。阿拉尔市农业生产以灌溉为主，建设了高效的节水灌溉体系，为棉花、大米、红枣等重要特色农产品生产提供了良好的水源条件。阿拉尔市生态环境较好，天山雪水可以用于发展畜牧业，为生产绿色生态的畜产品奠定了环境基础。

2. 特色农业产业发展形成较大规模

阿拉尔市重点发展棉花和林果两大特色产业，经过多年发展，这两个产业已经形成了较大的规模，具有较好的品牌培育和发展基础。2017年，阿拉尔市棉花种植16.30万公顷，年产棉花38.29万吨。林果面积园林水果（不含食用坚果）面积6.01万公顷，其中红枣面积最大，达到红枣面积3.52万公顷，占林果面积的58.58%，核桃面积0.94万公顷。2021年，阿拉尔市水果及食用坚果206.98万吨，其中，红枣产量104.54万吨，核桃6.12万吨。下辖各团特色产业中，以三团的纸皮核桃，四团的吊干杏，五、六团天山玉苹果特色优势更加凸显，呈现较好的产业发展潜力和开发品牌建设的基础。

3. "三品一标"认证为当地农产品品牌提供了有效支撑

阿拉尔市积极开展无公害农产品、绿色食品、有机农产品、地理标志"三品一标"认证工作，加强农产品质量管理体系的完善，初步创建了三团核桃、五团苹果等两个地理标志产品。在企业品牌方面，构建"新农"牌棉花、"天山雪"牌大米、"大漠"牌红枣、"红富士"牌苹果。在农产品区域公用品牌方面，阿拉尔市正积极探索以红枣产业为核心、覆盖多种特色农产品的"塔里木河"区域公用品牌。

4. 对接沿海地区销售市场显著扩大了农产品品牌影响力

阿拉尔市借助浙江援疆工作的重点，积极主动参与"疆果东送"，促进浙阿农产品市场一体化，充分利用浙江市场援疆"十城百店"工程，加强特色农产品品牌宣传推介力度，扩大农产品品牌市场影响力。在具体做法上，阿拉尔市一家红枣企业与阿克苏苹果企业、浙江1农产品物流企业联合注册新公司，承接援疆"十城百店"工程，统一品牌管理、统一仓储物流、统一质量追溯。这三项统一措施有效地提高了阿拉尔特色农产品品牌在消费市场上的知名度和影响力。

5. 形成了加快促进农产品品牌建设的政策体系

一是阿拉尔市在权衡地区农业产业结构基础上，确立以红枣产业为主导产业，整合国家农业科技园区、十二团、十团、聚天红果业公司、塔里木大学、一师农科所等产业优势资源，配套产业支持政策，夯实农产品品牌建设的产业基础。二是制定出台了红枣为代表的农产品企业标准，对果品分级标准不统一、包装设计层次低、不规范等问题进行深入整治。三是积极举办阿拉尔市特色农产品推介会，有效宣传了农产品品牌形象。四是提升服务业发展水平，增强辅助手段和支撑，强化农产品品牌保护、培育和宣传。

(二) 阿拉尔市农产品品牌建设存在的主要问题

从阿拉尔市农产品品牌建设的实际情况来看，还存在很多突出问题亟待解决，这些问题制约了农产品品牌的长期发展，有待结合现行政策进行必要调整和匡正。

1. 农产品品牌杂多且知名度不高

农产品品牌价值真正体现在消费者的心理评价和预期。阿拉尔市虽然建设了数量较多的农产品品牌，但大部分农产品品牌没有形成较大的市场影响力、品牌知名度还不高，对消费者消费行为难以产生较大影响。造成阿拉尔市农产品品牌知名度不高的原因是多方面的，其中最主要的因素是阿拉尔市的特色农产品多数为初级农产品，产业化程度低，缺乏精深加工，不能延长产业链。初级特色农产品在消费市场上面临众多供给竞争者，提高知名度的难度较大。例如，林果产品仅通过分选、清洗、包装即可上市，缺乏精深加工企业生产制造的下游食品进行互补用于品牌塑造。此外，精深加工环节的缺失也导致了特色农业产业缺少龙头企业带动，无法通过下游产品协同带动建设和宣传品牌。

2. 品牌培育缺乏经验，品牌定位不准确

从阿拉尔市以及新疆其他地区农产品建设和发展实践来看，大部分农户缺乏科学的经营理念和品牌意识，单纯地关注特色农产品市场价格波动，单纯地采取扩大和缩小生产规模经营策略，收益波动变化较大。农业新型经营主体缺乏培育品牌的经验，有些农产品品牌仅仅简单使用地名的方式加以命名，品牌缺乏内涵，品牌形象仅仅限制在初级农产品的外观、外形、风味或者包装等方面。阿拉尔市没有将农产品品牌建设与目标市场开发进行有效地对接和整合，品牌定位不够准确，有些品牌难以在新疆地区范围之外产生影响力。

3. 农民专业合作社在品牌创建方面的作用未充分发挥

农民专业合作社是农民之间为了加强生产管理和市场销售而联合组建的经营实体，能够解决不同农户分散经营、不统一、不规范问题，合作社的成立和发展有利于推广应用统一标准化的种养殖技术，有利于农产品分类分级管理，有助于打造统一的农产品品牌。但从实际情况来看，合作社

在农产品品牌建设方面的功能和作用没有到充分发挥。合作社理事长、理事成员普遍缺乏通过打造品牌来持续扩大经营的理念,政府部门对合作社开展品牌创建和推广的配套政策针对性不强,不利于合作社在品牌策划、品牌管理方面积累经验。

4. 特色产业协会的品牌建设功能不完备

品牌建设与产业发展状况关系尤为紧密。新疆大部分农产品属于特色农产品,其品牌的培育与发展,离不开特色农业产业作为支撑后盾,反过来,品牌美誉度和知名度的提升,也能进一步带动特色产业持续发展。为了促进特色农业产业持续有序发展,新疆各地纷纷成立了相对应的产业协会,例如,阿拉尔市专门成立了市级果业协会,以促进当地林果业发展壮大。但协会目前在品牌建设的功能发挥不到位,具体表现在:协会部门结构设置中缺少强有力的部门开展品牌建设和品牌维护工作、缺乏稳定的品牌建设资金投入、没有拟定高质量、针对性强的品牌策划方案、品牌建设的前期市场调研不充分等。

5. 农产品区域公用品牌建设滞后

依托区域特色产业优势,创建农产品区域公用品牌建设,有助于发挥地域性资源比较优势,快速形成较强的竞争力,还有助于整合分散的品牌资源,合力打造共同品牌,大幅度扩大市场影响力,提升品牌的知名度。阿拉尔市已经成功申报登记了六团红富士苹果等地理标志产品,但地理标志产品的市场影响力还不明显。农产品区域公用品牌的建设和发展不仅仅是地理标志产品的登记,还需要通过龙头企业的带领、使用和推广,以及行业协会的辅导、扶持和引领,需要政府、协会、龙头企业三方共同参与、共同管理、监督,形成品牌推广的长机制。

6. 政府引导作用尚需进一步发挥

农业企业、合作社是特色农产品品牌建设的责任主体,协会是农产品区域公用品牌建设的责任主体,政府部门难以替代市场主体开展品牌经营工作,但是在农产品品牌建设和发展过程中,政府部门可以定位在对农产品品牌建设的政策引导,可以设计科学的政策体系,做好农产品品牌知识产权维护以及假冒仿制品牌的市场监督与执法。从阿拉尔市的情况来看,政策在特色农业产业规划上有待进一步完善,在农产品品牌建设的实施方案上还需要进一步细化,在特色农产品区域公用品牌上对协会的扶持力度还需要强化，对品牌建设培训还需要深入。

七、新疆生产建设兵团农业品牌建设案例分析

新疆生产建设兵团是新疆维吾尔自治区的重要组成部分，是在特殊的地理、历史背景下成立的。兵团实行党政军企高度统一的特殊管理体制。兵团也称为"中国新建集团公司"，是集农业、工业、交通、建筑、商业，承担经济建设任务的国有大型企业。兵团承担现代农业发展的重要使命，积极做好节水灌溉示范、农业机械化推广、现代农业示范三大基地建设，持续加快农业结构优化升级，推进农业产业化经营，推动农产品竞争力持续提升。现代农业发展的不仅仅是高科技农业，也是高质量发展农业，还是经济效益显著的高效农业。品牌发展是引领农业高质量和高经济效益发展的重要战略，在未来是引导新疆乃至全国农产品竞争力提升的关键助推力量。新时代，习近平总书记对兵团深化改革进行重要讲话，党中央决定推动兵团深化改革并进行部署，促进兵团发挥好安边固疆的稳定器、凝聚各族群众的大熔炉、先进生产力和先进文化的示范区三大功能、发挥好调节社会结构、推动文化交流、促进区域协调、优化人口资源四大作用。兵团深化改革必然对农产品品牌建设产生重要影响，本部分详细分析深化改革对农产品品牌建设的作用机制和影响机制，并分析兵团农产品品牌建设存在的问题，提出相关对策建议。

（一）新疆生产建设兵团农产品品牌建设基本成效

1. 新疆生产建设兵团农业企业拥有良好的品牌创造和运作潜力

新疆生产建设兵团现代农业发展的同时也成功孵化培育了一大批现代化经营的农业企业。这些企业普遍具有现代化水平高、生产能力强、发展规模大等突出特点，在农产品品牌经营运作方面具备非常明显的优势，初步形成了一批具有较强市场影响力的农产品品牌、企业品牌和农产品区域公用品牌，例如十师一八四团苹果、九师一七〇团沙棘、四师七十三团大米等。新疆生产建设兵团参与农产品推介与展销活动频次和规模较大，对宣传、传播和推广品牌起到了良好的支持作用。截至 2021 年年底，新疆生产建设兵团拥有国家级、兵团级农业产业化重点龙头企业 135 家，其中国家级 22 家、兵团级 113 家；已经创建 2 个国家级优势特色产业集群、2

个国家现代农业产业园。截至目前，新疆生产建设兵团23个农业品牌进入《中国农业品牌目录》和《中国农垦品牌目录》，38个品牌登记国家农产品地理标志认证，98个品牌获得绿色食品认证证书，兵团特色农业品牌影响力越来越强（姜蒙，2022）。

2. 新疆生产建设兵团特色产业规模有效支撑品牌建设

新疆生产建设兵团积极推动农业产业化，促进农业现代化建设，为农业品牌建设打下良好的基础。新疆生产建设兵团承载现代农业发展的示范引领作用，具有高标准的农业生产基地和科学的生产方案，采取了现代化的生产方式，具有较强综合生产能力，保证了农产品的数量和质量的双重目标要求。新疆生产建设兵团已经打造7个全国农业产业强镇，逐步构建起"龙头企业+合作社+职工"的经营模式。新疆生产建设兵团特色产业规模不断壮大。2021年，新疆生产建设兵团水果产量达到475.63万吨，比上年增长2.3%。其中，红枣210.97万吨，葡萄84.34万吨，香梨58.30万吨，苹果79.00万吨。此外，新疆生产建设兵团核桃产量6.66万吨，比上年增长28.1%。产业规模的壮大也带动了机械化率的提升。截至2021年年底，新疆生产建设兵团种植业耕、种、收综合机械化率达95.3%，居全国领先水平。兵团特色产业发展的同时也带动经营主体壮大。新疆生产建设兵团资料数据显示，2021年，新疆生产建设兵团新成立农工合作社893家，累计达到5 203家，建有家庭农场536家。截至2021年年底，新疆生产建设兵团共有国家级示范社27家、兵团级示范社175家、师市级示范社222家，兵团推动农业现代化建设已经将新型农业经营主体作为主要力量。兵团特色产业发展还带动农产品商贸发展。以阿克苏地区为例，兵团在该地区利用区位优势和当地公路、铁路和航空便利的交通网络，以服务南疆林果业发展为主要目标，打造建设大型商贸枢纽市场，不断提高交易规模、创新交易方式，从而推动产业发展、带动农民增收。

3. 新疆生产建设兵团文化助力品牌建设

新疆生产建设兵团创建历史悠久，历经半个多世纪，形成了独特的军垦文化，体现了党和军队的光荣传统和优良作风。新疆生产建设兵团拥有艰苦创业、开拓进取的创业精神，兵团将解放初贫瘠的土地改造成良好的生产基地，将没有垦种过的荒野戈壁，变成了一个个充满生机的居民点、团场、城镇和绿洲。在这样的文化背景之下，兵团结合军垦文化成功创建了一些与兵团、军垦相关的农产品品牌，树立了高品质、高质量的品牌形象。新疆生产建设兵团还通过结合新疆独特的农业资源创建农产品品牌，突出"绿色、营养、美味、健康"的农产品品牌形象。

（二）新疆生产建设兵团农产品品牌建设的主要问题

新疆生产建设兵团农产品品牌建设取得基本成功经验的同时，兵团农产品品牌还存在很多现实的问题。具体来说，包括如下几个方面。

1. 体制机制约束农产品品牌建设

新疆生产建设兵团在农业生产管理上实施"五统一"政策，即统一提供种子、统一种植、统一农机作业层次和收费标准、统一关键技术和重大技术措施、统一农资采购服务，这项政策的优点在于克服了种植品种多样化、管理混乱、进而影响农产品品质的弊端，形成统一的生产模式，对兵团促进农业规模化、专业化、标准化、集约化、区域化发展产生了积极作用。"五统一"政策实施下，农产品的销售也呈现出一定的"统一"状态。主要表现为：在市场价格较高的情况下，职工不担忧农产品销售状况，可以顺利实现农产品的最终销售。但在市场价格较低的条件下，兵团企业往往充当了最后的收购人，在计划和行政干预的情况下，兵团对职工生产的农产品进行兜底收购，有时候收购的价格甚至超出市场平均价格。虽然这样的销售模式可以保障广大职工的经济利益，但是却与市场经济规律相背离，有些兵团企业因为承担大量收购任务，支付了额外的资金，出现一定的亏损，企业背上了沉重的包袱。兵团企业承担一定收购任务，缺少经营自主权，对农产品品牌定位和设计，对农产品质量管控与要求无法进行细化和落实，难以掌握农产品品牌建设的主动权。

2. 品牌意识不够先进

受体制机制束缚等因素影响，兵团及团场还尚未成为真正意义上的市场主体，在使用营销策略上明显存在不足，对品牌经营的意识理念，对品牌进行培育、保护和知名度提高，还与内地经济发达地区存在较大的差距，品牌战略总体布局或者方案还尚未形成。虽然有的兵团企业已经逐步开始重视农产品品牌建设，并结合消费市场的实际需求，聘请专业品牌咨询团队进行品牌策划、包装和推广，初步形成了崭新的农产品品牌营销策略，但是能真正开始这样探索品牌建设的企业数量较少，大部分企业以及兵团下辖的团场（或者乡镇）在农产品品牌建设方面仍然属于明显的滞后状态。兵团经营管理人才对于品牌的思维方式普遍需要进行深度变革，需要改变"重生产、轻销售"的旧思维，以谋划品牌、宣传品牌为基本导向，倒逼生产调整，适应市场经济竞争状态。随着互联网信息技术的深度发展，利用移动互联网、新媒体等新的信息手段创建宣传农产品品牌已经成为重要的策略，但兵团在这个领域还未形成成熟的方案。

3. 品质管理尚需进一步完善

品牌的创建和维护，需要稳定的产品质量、良好的品质加以保证。兵团农产品具有较强的品质优势，但在品质管理上还需要进行更多投入。兵团的农产品质量安全体系还不够健全，影响品牌维护。一些企业为了短期利益，而没有严格管控农产品品质，导致农产品品牌形象受到影响，品牌延伸的可能性被打断，由此带来的是品牌影响力和品牌美誉度受到损害。造成兵团品牌建设存在起落的原因是农业特色产业的波动以及农产品生产规模扩张或者缩小，在日益凸显品牌价值的农业特色产业发展条件下，应当更加注重农产品品质提升，而不是仍然走追求数量扩张的传统粗放型农业增长模式。

4. 品牌营销投入不足

与农产品品质管理相比，新疆生产建设兵团在品牌营销方面的投入和行动方案亟需改进。一些兵团企业缺乏品牌营销体系，没有配套邀请专业化品牌咨询机构开展品牌规划或者战略方案。近几年，兵团企业参加农产品博览会、展销会、洽谈会等营销活动的频率增加了，取得一定进步，但农产品品牌建设上，品牌宣传和推广的力度仍然相对较小。不论是企业品牌还是区域公用品牌，都需要建设专业化稳定的团队开展品牌营销，兵团的农产品品牌营销团队数量少、效果不佳。

5. 精深加工不足支撑品牌建设

从目前新疆生产建设兵团农业发展的基本情况来看，重生产、轻加工的现象仍然比较突出。总体上，兵团农产品具备了较强的简单初级加工能力，例如筛选、清洗、包装等，但是对农产品的精深加工缺乏、匮乏。由于极为重视生产，兵团形成了较迅速调节种植面积扩张的农业生产特征，在现代农业科技广泛应用不断推高单产水平的情况下，农产品产量可以实现迅速扩大。然而,市场对特色农产品的销售水平增长趋势相对缓慢,农产品供给量过大、生产相对过剩等问题变得突出时,需要农产品精深加工业作为支撑,一方面解决产品卖难现象,另一方面是对农产品品牌建设起到补充和辅助的作用。从品牌建设的角度来看,如果兵团能将初级农产品与精深加工制品进行紧密结合,可以从全产业链角度加强品牌建设,对品牌价值的提升和品牌的市场影响力的提高都产生积极作用。

(三)新疆生产建设兵团深化改革对农产品品牌建设的影响机制

伴随改革开放40余年的历程,新疆生产建设兵团深化改革也取得显著成效。深化改革是兵团在新时代重新焕发生机、继续发挥兵团作用的必由之路。兵团深化改革主要从四个方面发力,这四个方面也对农产品品牌建设产生深刻影响。

1. 向南发展要求加快南疆农产品品牌建设

向南发展是当前新疆生产建设兵团改革发展的重要区域战略,解决南疆、北疆区域发展不均衡的重要措施。总体上,北疆的农业产业化水平高于南疆,南疆农业发展地区在经济发展中的比例更高,基础性更强。发展带动南疆农业现代化发展,对于增加南疆农户收入和稳定社会起到关键作用。在农产品品牌建设方面,南疆农产品品牌建设相对于北疆滞后。新疆生产建设兵团应该抓住深化改革的主攻方向,着力发展南疆果蔬产业、林果产业、设施农业、特色畜牧业以及农产品加工业,将补齐南疆农产品品牌建设短板作为重要举措,通过品牌建设和发展引领南疆农业高质量发展。

2. 兵团先进生产力功能要求品牌建设领先

深化兵团改革,是进一步巩固和完善兵团的基本功能。兵团凭借农业现代化装备、示范区等优势条件,具有持续保持农业先进生产力的能力。品牌建设是农业先进生产力的重要体现之一。农业生产力先进,要求农产品品牌竞争力强、市场影响大、品牌声誉高。因此,兵团应在稳定农业生产同时,积极探索农产品现代化营销体系的构建,深入销地开展市场调查,收集分析市场对新疆农产品消费需求变化特征,将市场端信息及时传递到生产端,调整优化生产结构,注重质量提升,摒弃盲目扩大数量增长,积极开展品牌调查和策划,推动品牌经营体系现代化。

3. 深化团场综合改革重塑品牌经营微观主体

团场是兵团谋划经济发展、促进民生改善、加快人口集聚、推动兵地融合、巩固戍边作用的重要载体。兵团深化改革，需要从团场这个终端进行深化改革。很多顶层设计的改革任务需要详细地、明确地分解到团场加以落实、推动和深化。"全面落实承包职工生产经营自主权，取消团场义务工和'五统一'"，以及"进一步推进团场职能转变"是团场两项重要改革任务。这两项改革的实质是增加职工经营决策自主权，夯实市场经济微观主体地位，剥离政府职能，克服政企、政资、政事、政社不分给团场经济发展产生的弊端。就加快兵团农产品品牌建设方面而言，过去"五统一"政策对农产品品质的保证起到一定积极作用，在增加职工经营决策自主权之后，可能会出现职工分散经营导致农产品质量不稳定，甚至出现一定程度下降趋势，不利于品牌形象的维护和品牌打造，需要在分散经营农户之间尽快进行推动组建农民专业合作社，通过农户之间的联合对农产品品质进行协调与管控。团场改革要求农产品品牌建设的主体尽快从类似于政府部门作用的团场主体转型为懂品牌经营、善品牌管理的市场主体，将农产品品牌建设由一项计划性工作转变为一个经营性工作。

4. 深化兵团国资国企改革要求培育壮大知名农产品品牌

近年来，兵团涉农国资国企发展存在一些突出问题，阻碍了国资国企做大做强的发展趋势，制约兵团经济社会发展能力提升。例如，一些涉农国资国企经济效益不理想，存在一定的亏损现象，农产品品质长期得不到有效管控和稳定提高，农产品市场销路不畅通，农产品品牌价值体现不足，抵御农产品市场价格风险、销售风险能力较弱。按照当前深化兵团改革战略部署，兵团将坚定不移地推动国资国企向纵深改革，改革的总体方向已经明确，就是要进一步突出企业作为市场主体的地位，改善企业发展环境，增强企业的市场竞争力，提高企业自生能力。在涉农企业品牌建设领域，就要求兵团国资国企能够打造一批具有较高知名度的农产品品牌、企业品牌以及农产品区域公用品牌，提高兵团农产品市场竞争力，增强兵团农业高质量发展的动力。

第五章 农业品牌建设的国外经验借鉴

农业品牌的建设与一个国家和地区的农业产业现代化发展程度密切相关,农业现代化水平高的国家和地区,农业品牌的建设起步越早、发展越成熟,品牌的知名度和国际影响力也越大。世界上,有许多农业发达国家的农业品牌建设可以为我国当前推动农业品牌提供借鉴和启迪。本章选取日本和新西兰为对象,研究两个国家在农业品牌建设方面的做法和取得的经验。

一、日本

(一) 日本建立农产品地理标志保护制度的历史演变

日本国土面积为 37.80 万平方千米,国土由北海道、本州、四国、九州四个大岛及 7 200 多个小岛组成。日本以温带和亚热带季风气候为主,夏季炎热多雨,冬季寒冷干燥,四季分明。日本横跨纬度达 25°,南北气温差异十分显著。绝大部分地区属于四季分明的温带气候,位于南部的冲绳则属于亚热带,而北部的北海道却属于亚寒带。因此,受不同区域气候、风土、土壤等环境特点的影响,以及各地区采取不同的农业生产方式,形成了丰富的高品质、好口碑的农产品。在这些农产品中,有些地区将产地的名称与其产出的农产品品质、社会声誉以及其他固定特性紧密联系在一起,并将产地名称申请了知识产权进行保护,这样就形成了日本特有的地理标志。

日本农产品区域品牌的主要做法是地理标志产品。日本从 2014 年开始着手建立农产品地理标志保护制度。该项制度是依据 2014 年 6 月 18 日制定,2015 年 6 月 1 日起正式实施的《特定农林水产品名称保护法》(地理标志法) 而运行的。《特定农林水产品名称保护法》是一部知识产权保护的法律，知识产权保护以产地为基础进行品质特点关联的产品名称。法律出台的总体目标是为了维护消费者对农产品的信赖，提高农业生产者的经济效益，对日本各地区特定产地保有的历史生产传统和富有特性品质的农产品进行保护。

（二）日本地理标志定义

日本地理标志（Japan Geographical indication，缩写 GI）是指农林水产品和食品等的名称，依据该名称可以判定该产品的特定产地，而且能够确定其产品的品质等固有特性与该产地之间存在关联性。作为地理标志获得正式登记的产品，可以和地理标志同时使用登记标识（GI 标识）。由此可见，日本地理标志农产品具有三个特点：一是特指农产品的名称；二是产品名称反映产地区域，通常包括某个具体产地名称，加上产品名称，例如，青森苹果（青森为日本青森县）；三是农产品特性与产地之间具有关联性，这是因为特定区域的气候、土壤和营养元素等自然因素，以及特色化的生产方式，可以对农产品的最终品质、社会声誉以及产品外观产生重要影响。

日本实施新的地理标志农产品保护制度，产生了积极作用和效果。具体来说，包括四个方面。一是对区域农产品进行了市场区隔，让区域品牌能够反映到价格当中。因为只有符合既定条件的农产品才可以使用地理标志，达不到既定质量标准的农产品无法获得地理标志，这种保护制度的建立直接帮助了农业生产者提高农产品的市场价格，有利于促进日本农村的振兴。二是由政府建立起监管机制，对非法使用地理标志进行严格管理和打假，确保了农业生产者的利益，维护了地理标志区域品牌信誉，农业生产者无须承担其他的法律诉讼费用，促使传统的日本食物文化得到传承和保护。三是制定了严格的市场准入制度，对于符合品质条件的农产品才可以最终进入市场，在农产品包装上使用地理标志标章，帮助消费者进行有效地识别，也同时保护了消费者的权益。四是促进日本生产制造的农产品和食品的海外出口，地理标志明示了农产品和食品的原产国具体产地，提供了产品产地的真实证明，较好地刺激了出口的扩张。

(三) 日本农业品牌的主要经验

1. 强化农产品质量安全治理保障品牌质量

世界各个农业发达国家都普遍着手建立从田间到餐桌的农产品质量安全监管体系，充分说明了农产品质量安全管理具有全程性特征。日本不仅采取了各种措施全程构建农产品质量安全体系，还更加重视农业生产源头的质量安全管理。从日本调研反映的情况来看，田间管理是日本农产品质量安全监管的源头，田间管理作为农产品生产的初级阶段，具有历时时间长、管理难度大等特点，做好田间管理才能为农产品质量安全后续阶段管理提供良好的基础和有效的支撑。

2. 为品牌建设配套建立推广良好农业规范标准

日本政府特别重视普及推广良好农业规范标准，就是从源头上对农产品质量安全管理进行梳理，做好农产品质量安全的起点。不断完善农产品质量安全管理体系。从日本的经验可以看出，良好农业规范标准的实施、推广以及升级对接国际化标准等举措已经构成日本农产品质量安全管理的重要内容。

所谓"良好农业规范标准"是日本政府积极倡导的一种农业生产过程控制方法，在日本又被称为"农业生产工程管理"。日本实施良好农业规范的具体目的包括4个方面。一是促进农产品安全，二是促进环境保护，三是确保农业生产者的安全，四是维持管理稳定、实现农业生产可持续管理。其中，农产品质量安全居于首位。根据日本农林水产省的调查，良好农业规范标准实施之后，回答"质量（包括等级、标准）显著提高"的农业经营者比例高达44%。良好农业规范标准的实施对于日本农业发展产生积极作用，提高了农业生产管理水平，提高了产出效率和价值，改进了农民及其雇员的生产管理意识，培育了新型农业人力资源，增强了日本农业竞争力。

对良好农业规范实施分类认证，日本将良好农业规范标准认证分成区域、全国、亚洲和全球4类：①符合农林水产省准则的良好农业规范标准认证。该认证的运营主体是都、道、府、县等地方政府部门。②日本良好农业规范标准认证（即JGAP）由一般财团法人日本良好农业规范协会制定，认证机构目前共有5家，认证费用大约为10万日元以及相关差旅费，日本取得该类认证的经营者为2 851个。③亚洲良好农业规范标准认证（即ASIAGAP），也由一般财团法人日本良好农业规范协会负责运营，认证费用与日本良好农业规范相等，2019年，日本共有1 869个经营者取得亚洲认证。④全球良好农业规范认证（即GLOBALGAP）。目前日本共有3家机构具有认证资格，费用为22万~55万日元以及相关差旅费，共有702家经营体取得全球认证。

日本就良好农业规范国际化发展明确时间安排。原计划2020年在日本举办东京奥林匹克运动会，为了配合这场国际赛事，日本政府积极推动提高良好农业规范标准国际化水平，提高良好农业规范标准在全国的覆盖度。扩大良好农业规范标准的政策实施分两个阶段。第一个阶段是2013—2020年，即申办成功至东京奥运会召开之前期间，日本计划重点改进农业生产现场条件，促进良好农业规范认证体系得到国际认可，促使国内标准接近全球良好农业规范标准（GLOBALGAP），一方面，重点扩大良好农业规范指导人员数量，目前指导人员已达到2 089人；另一方面，促进认证数量增长，计划将良好农业规范认证件数增长2倍以上。第二阶段是2021—2030年，日本计划重点将良好农业规范标准提高到国际水准，并在日本国内基本实现全面覆盖，而且重点关注食物链变化，促使日本良好农业规范标准成为亚洲主流标准。

3. 重视推动农民组织来提升质量促进品牌建设

品牌的可信赖取决于产品的质量。农产品质量的控制在于农民生产者，日本为了引导生产者克服粗放生产经营，以农协作为组织，引导农民重视技术和管理，提升农产品质量。日本农协（JapanAgriculturalCo-operative，JA）已经成为良好农业规范标准最主要的实施主体。日本农协是基于共同合作原则组建，旨在改善日本农业经营和农民会员生计的一个全国性组织。日本农协通过农场生产指导、农产品销售服务、生产投入品供应、信贷服务和共同保险服务等各种活动实现其组织目标和功能。由于其功能多样，也被称为"多目标农业合作社"。日本农协覆盖面较广，2017年末总数达到649家，日本国内绝大部分农民都已经加入农协成为正式会员，目前共有正式会员430万人，其他未加入农协的农民通常被视为准会员，准会员共有621万人，正式会员和准会员人数合计达到1 051万人。在众多功能中，农场生产指导是农协份额最大的一项业务，农协通过聘请大量咨询技术人员，有效帮助农民会员改善农场管理和提高农业技术应用。日本农协从三个方面入手全面实施良好农业规范标准。

日本农协为了继续改进农业生产条件、提高机械化水平以及提升经营管理绩效，全面引入了良好农业规范标准，以实现提高农产品品质和安全程度的目标。农协的主要做法一是为农民会员免费提供有关质量安全的技术指导。指导期间，农民会员无须与技术指导人员签订任何形式的合同或者契约。日本农协的技术指导范围较广，包括土壤状况分析、病虫害发生与诊断、新品种栽培、新技术引入等。农协还协助农户进行选址，建立农产品分级场所或农产品储备场所，促使农民更加关注农产品质量的稳定和提高。二是农协须向农民及时开展农产品质量安全教育和宣传活动，让农民尽早了解质量安全出现问题的严重后果，如消费者投诉、农产品召回和农场经济收入蒙受损失等。农协带领会员共同应对市场对质量安全要求的新变化。日本消费市场状况不断变化，消费者对农产品质量安全的要求明显提高。三是在流通环节，具有良好农业规范认证的农产品具有更广泛的流通范围，大型商场和超市会优先采购具有良好农业规范认证的农产品，特别是茶叶产品。这些新变化促使农协更加紧密联合农民会员共同努力，通过实施良好农业规范提升农产品质量安全等手段来加以应对。

日本农协为提升农产品质量安全水平发挥了重要的组织保障作用。通常分散经营的农户难以形成统一标准化的生产体系，容易导致农产品质量安全呈现参差不齐的现象。但是农民实施组织化建构以后，农产品质量安全管理的一系列操作变得可行。日本农协目前拥有1 051万会员规模，覆盖了绝大部分农民群体，在农业农村具有广泛的基础和影响力。日本农协围绕农产品质量安全承担了一些基础性、公益性的重要功能，能够牵头组织协调、指导和安排，在政府、市场与农户之间发挥了桥梁纽带作用，改善分散农户的农产品质量安全意识，推动农户实施符合农产品质量安全的生产操作，并克服单个农户提高农产品质量安全水平可能面临的其他困难。

4. 提升品牌建设中的农业科技贡献

日本农产品质量安全管理通过继续完善农产品食品安全管理的法律，优化农产品和食品安全管理管理机构，鼓励第三方社会化质量安全鉴定机构壮大发展，在加工环节更新修订日本农业标准（JAS），出台鼓励支持有机农业发展等其他相关措施协同完善农产品质量安全管理体系，日本农产品质量安全管理基本实现"多管齐下"，特别是注重从科技创新方面着力，为农业品牌建设注入更多元素。

日本科技创新的根本法律依据是 1995 年 11 月 15 日颁布实施的《科学技术基本法》。该法规定，由文部科学省负责制定国家科学技术基本计划，确保从长远角度实施系统的、一致的科技政策。通过连续的科技基本计划的实施，日本不断强化基础研究和独创性自主技术开发的"科学技术创新立国"战略。第五届科技基本计划于 2016 年 1 月 22 日获得日本内阁批准实施，涵盖 2016—2020 年五年时间。第五届科技基本计划提出了"社会 5.0"概念，科技创新活动将着眼于"社会 5.0"发展需要。日本提出的所谓"社会 5.0"概念，是指继狩猎采集社会、农耕社会、工业社会、信息社会之后的第五类社会形态。"社会 5.0"将实现人们的生活环境更加舒适，是重大技术变革下的"超智能社会"，出现自动驾驶、能源地产地消、新一代通信设施、新一代医疗条件等新的生活方式，并且实现城市和农村地区的全覆盖，农村将可以自由打破地理、经济和社会等因素对其发展的限制。在农业和食物领域，日本"社会 5.0"将在未来打造具有国际竞争力的农业商业化经营模式、智慧农业生产基础、创新的农产品加工制造业和健康长寿社会。具体目标包括：2020 年实现六次产业化市场规模达到 10 兆日元，2023 年比 2011 年大米的生产成本降低 40%。2025 年农业生产者全面普及数字化农业，智慧农业技术在国内外扩张，创造 1 000 亿日元市场规模，2030 年农产品出口额突破 5 兆日元。2015 年 3 月 31 日，农林水产技术委员会决定制定新一轮"农林渔业研究基本计划"。根据这份计划，日本创建了一个农林渔业科技研发路线图，促进产学官与其他领域开展新的合作，通过设计研究大纲，加速社会采纳农林渔业应用研究成果，促进农业高质量发展。与此同时，加强农业结构调整，实现产业化增长的科技政策，扩大日本各地区高质量和有品牌知名度的"强势"农畜产品，通过科技进步降低生产成本，应对日益增长的进口农产品影响。

日本提出的"社会 5.0"概念描绘了在科技因素影响下日本经济社会未来发展的新面貌，农业和食品领域的发展必然需要与"社会 5.0"同步协调，即实现高质量发展，满足国内外多样化、高标准的需求。基于"社会 5.0"的农业科技创新是支持日本农业高质量发展的根本驱动力。日本通过制定详细科学的农业科技创新计划，以稳步实现农业科技创新的中长期目标和短期目标。当前，中国经济社会发展已经进入"新时代"，人民群众日益增长的美好生活需要在"新时代"呈现出快速升级特征，对农业重产量、轻品质的增长方式提出向高质量发展方式转变的迫切要求。中国农业科技创新政策应尽早从技术研发的角度围绕"新时代"进行科学精准的内涵界定，加快制定适合着眼于全面建成小康社会、基本实现社会主义现代化的农业科技创新计划或路线图，为农业高质量发展的实施提供强大的科技支撑动力。

二、新西兰

新西兰农业已经实现现代化，在农业品牌建设方面取得一定成就。本部分通过选取新西兰羊毛品牌和奇异果品牌，分析新西兰农业品牌建设发展经验。

（一）"新西兰羊毛"品牌建设经验

"新西兰羊毛"（Wools of New Zealand）是新西兰政府为了推动农民提高羊毛质量而打造的羊毛品牌，该品牌具有国家品牌特色，是区域品牌在更高级层次的集中体现，也反映了产业发展的趋势。作为一个品牌，新西兰羊毛在世界范围被认可，在市场上得到较高的信任度，消费者对新西兰羊毛质量也产生较高的认知度。作为羊毛的国家范畴品牌，新西兰要求最低含有60%新西兰羊毛的纺织品才可以使用"新西兰羊毛"品牌。根据授权协议规定，新西兰品牌羊毛不仅质量好，还坚持环境友好、可持续发展的方式进行生产。"新西兰羊毛"品牌保持较高的透明度，谁生产，哪里生产，如何生产等信息都进行披露，并实现了生产的可追溯，消费者能够根据这信息追溯羊毛产地，甚至具体生产农场。新西兰羊毛品牌建设经验包括如下三个方面：

1. 科学定位品牌

从国际羊毛生产的主要国家比较来看，澳大利亚羊毛主要用于服装面料制作。新西兰羊毛的纤维直径大多在31~40微米，纤维长度在100~300毫米，强度好，品质均匀，色泽洁白，不含黑色纤维，可以染成色谱中的所有颜色，这些特点使新西兰羊毛成为生产地毯的最理想原料。新西兰羊毛品牌建设重点将羊毛主要用途放在地毯和手编毛织物制作，于是形成不同的功能定位，与澳大利亚等羊毛生产大国实现了一定的市场区隔，科学的品牌定位促使新西兰成为国际上最大的地毯用羊毛生产国和贸易国。

2. 重视品质管理

新西兰致力于打造世界上最好的羊毛，十分重视羊毛生产品质，新西兰羊毛以较高的清洁度，洁白和纤维结实等优势赢得世界市场青睐。品质直接决定了品牌建设的成效，新西兰不断优化牧场管理，改进羊毛生产方式，为加工企业提供质量稳定，标准化统一的产品，赢得较好的市场潜力，高效的品质管理成为新西兰羊毛核心竞争力。

3. 重视国际化营销

羊毛是生产原料，其品牌的竞争力既来自终端消费者认可，也来自下游产业加工企业（如染色商，纺纱厂和纺织品制造商等）的认可。新西兰在改进质量、保证品质的基础上，与国际上许多高端羊毛加工企业（包括卡米拉、Hypnos、Ulster Carpets 等豪华床垫、羊毛地毯制造商等）建立商业往来和合作关系，构建了国际化的营销服务体系，将羊毛业务延伸到全球主要进口国家，形成了强大的竞争力。

（二）新西兰奇异果品牌建设经验

我国是奇异果（俗称猕猴桃）的发源地，是世界上最大的奇异果生产地，但是国际市场上，新西兰奇异果异军突起，远销全球 70 个国家，占33%的全球市场销售份额，位居世界第一，在高端产品市场上，长期占据市场近乎垄断地位。根据统计数据，新西兰奇异果佳沛于 2001 年开始向中国出口奇异果，2016 年将出口 2 400 万托盘奇异果到中国，约占佳沛公司全球销量的 17%，销量创历史新高。2015 年，新西兰奇异果全球销量高达 65 亿元。除了水果品质本身的优势之外，擅长构建运营品牌，也是新西兰奇异果产业实现逆袭的重要原因。新西兰奇异果佳沛（Zespri）品牌不同于羊毛品牌，是一个企业名称进行命名的企业品牌，但是由于产业已经整合了新西兰全国的资源，因此，该企业品牌也同样具有地区品牌的特质，能够对新西兰该产业的发展状况进行集中地代表。新西兰奇异果品牌建设经验主要可以概括为如下三个方面：

1. 重新推动产业重组

起初，新西兰猕猴桃产业生产者众多，分散化经营，品牌数量多达

2 700个,品牌同质化趋势严重,单个品牌的市场影响力很低,生产者竞争激烈,却没有取得可观的市场回报。分散化经营带来的弊端逐渐集中暴露,新西兰奇异果产业因为产品品质参差不齐、在国际市场推广费用巨大、出口遭遇反倾销政策等连锁反应,在1988年迎来寒冬。于是,新西兰国内生产者不断反思产业振兴之路,1999年,新西兰的奇异果产业通过《1999年奇异果产业重组法》。2000多农户在政府协助下,组建了"西兰奇异果营销局",采取抱团取暖方式发展,对产业进行了重新组合,改变过去单兵作战的传统模式。

2. 构建唯一品牌

在产业重组之后,产业资源得到了梳理和优化,新西兰决定推出唯一的奇异果品牌。为了配合国际市场销售,打造高端品牌形象,1997年,"新西兰奇异果营销局"改组成新西兰奇异果国际行销公司,推出"ZESPRI"作为唯一品牌。唯一品牌给新西兰奇异果产业带来的优势是十分明显和突出的,一方面,既可以整合产业全部的品牌建设资金和人才等资源,另一方面,又可以对外打造统一的奇异果品牌形象。

3. 开展协同营销

为了保证唯一品牌的营销成功,新西兰开展建立协同营销机制,《1999年奇异果出口条例》将佳沛(Zespri)确立为新西兰种植的奇异果向除澳大利亚以外所有市场的唯一授权出口商。通过佳沛企业进行运作,佳沛与新西兰几乎所有果农都签署了供应协议,不仅集中了新西兰国内奇异果资源,还将法国、意大利等多个国家的猕猴桃资源进行了整合。根据条例的规定,国内生产者可以按照自愿原则加入协同营销,经过董事会批准之后按照规定缴纳保证金和相关费用,就可以参加协同营销,协作营销的目的是"增加新西兰奇异果生产者的整体财富",具体的协同安排被定义为:"一个生产者可以与佳沛有限集团合作出口新西兰种植的奇异果的安排"。协同营销为广大生产者节省了营销费用,搭建了国际化的营销渠道,为解决销路和市场价值提供了广阔的平台。协同营销保证了新西兰奇异果品牌的独特性和唯一性,促进品牌的国际影响力提升。

第六章 "互联网+"时代农业品牌建设路径重塑

2014年5月,习近平总书记在河南视察时指出,要"推动中国制造向中国创造转变、中国速度向中国质量转变、中国产品向中国品牌转变",将品牌战略提高到新的高度。当前,我国经济社会发展正处于转型调整的关键时期,向高质量发展就是要大力开展品牌建设,通过品牌引领产业转型升级,形成产业的持续发展动力和良好的市场潜在经济效益。

2018年,《农业农村部关于加快推进品牌强农的意见》出台,根据该意见,"品牌建设贯穿农业全产业链,是助推农业转型升级、提质增效的重要支撑和持久动力"。当前,我国农业品牌众多,但杂而不亮。如何探索建立强势农业品牌,扩大农业品牌的影响力。加快我国西部地区发展是补齐中国地区经济发展差距的重要内容。西部地区农业资源要素禀赋多样,生产了大量的农产品,具有较好的农业品牌建设条件。

"互联网+"全面渗透到经济社会发展的方方面面,"互联网+农业"逐渐成为新时代农业现代化发展的一种模式。有些从业者甚至认为"互联网+农业"已经成为"互联网+"最后的一片蓝海(冯阳松,2016)。2015年国家出台了《关于大力发展电子商务加快培育经济新动力的意见》,提出了电子商务要与其他产业深度融合的发展目标,促使电子商务成为促进创业、稳定就业、改善民生服务的重要平台,发挥电子商务对工业化、信息化、城镇化、农业现代化同步发展起到关键性作用。2021年,商务部、中央网信办、发展改革委三部门联合发布《"十四五"电子商务发展规划》,提出了深化创新驱动、引领消费升级、服务乡村振兴等电子商务发展的七大主要任务、23个专项行动和六条保障措施。在电子商务助力乡村振兴专栏,明确了开展"数商兴农"行动、建设"互联网+"农产品出村进城工程,扩大农村电商覆盖面,加快贯通县乡村物流配送体系。

一、"互联网+"时代的品牌建设框架

在"互联网+"时代，农业品牌建设的机理发生了重要变化。传统依靠市场分销打造品牌的方式出现变革，已经无法满足当前农业品牌建设的需要。"互联网+"时代，消费市场终端需求变化呈现出多样化的变化特征。具体来说，一是消费者对产品品质提出更高的要求。"互联网+"时代，智能手机广泛应用，通过互联网获得产品信息、企业信息唾手可得，搜索信息的成本极低，任何产品的负面信息报道，消费者都可通过手机客户端、应用APP以及口碑进行快速传播。二是消费者对消费体验的要求增多。"互联网+"时代电子商务的快速发展是与物流业的快速发展相关联的，线上下单，短时间获得商品形成了较好的消费体验，能增加对商品下次购买的概率，"互联网+"时代的产品销售具有即时性特征。三是消费者对品牌的偏好和忠诚度难以保持持续性。"互联网+"时代对于品牌建设来说显得便利，但也十分容易形成庞大数量的品牌，对于消费者来说，其信息比较和做出选择决策的处理烦琐程度增加，对品牌的忠诚度容易受到新的信息冲击而降低。

在"互联网+"时代，农业品牌建设应当从品牌形象、品牌定位、品牌架构、品牌价值观四个方面加强。

（一）品牌形象

品牌形象通常被视为品牌关联的联合效应（Biel, 1993），特别是那些有形和无形的关联（Engel et al., 1993）。品牌专家还认为，品牌形象是构成品牌资产的一个组成部分（Keller, 1993）。品牌形象归根结底是消费者的最终评价，其定义更注重在消费者的心目当中。需要指明的是，品牌形象这一概念不同于品牌标识，品牌标识虽然可以包括品牌名称、品牌创立起源时间、品牌的产地、品牌的类型、品牌设计图标等多种信息，但是品牌仅仅是一个符号，符号是一种抽象的表达，代表了某种商品与其他商品的不同标签，但是这不意味着是品牌本身，某种程度上来说，品牌符号是可以控制的，因为其相对比较客观。品牌形象可以被定义为消费者记忆中关于品牌联想的感知……这种联想以多种形式呈现出来，可以反映产品特征或产品本身的独立方面（Keller, 2013）。由此可以看出，品牌形象直接与消费者有关，而消费者的认识和感受是难以被人为操控的，因此塑造品牌形象必须要基于消费者。

（二）品牌定位

要建立强势农业品牌，需要农业企业或合作社清晰地界定品牌的定位。品牌定位的主要依据可以来自企业在行业中的地位来进行推演判断，通过企业掌控的资源衡量企业运作农业品牌的实际投入和实力。农业品牌的定位首先要对品牌进行一个清晰的命名，建立品牌的识别系统。对于新疆农业品牌来说，新疆得天独厚的自然资源条件往往容易构成品牌命名来源的元素，例如，新疆的山脉天山，新疆的冰雪，新疆的生态、田园风光以及少数民族聚集地区独特的文化元素等。何佳讯（2017）认为，品牌定位的思想和方法应当处于发展当中，其构建了3种定位，即心理定位、竞争定位和全面定位。心理定位是指对消费者心理的定位，换言之，通过一定的策略和原则实施，去掌控消费者心中的想法，其理念强调在消费者心智方面下功夫，让产品能够在消费者牢牢心智中占据一席之地。对于大部分农产品来说，都将被终端市场消费购买，所以农产品是最容易与消费者直接接触的产品类型，农产品和品牌也十分容易根据消费者心理进行定位。但农产品的种类多样，面临的消费群体也多种多样，因此定位的难度相对较为复杂，并非一步到位就可以准确定位，需要结合市场销售实践经验，不断摸索。竞争定位是结合市场营销战略配套的一种定位方式，其要义在于根据市场结构，判断所处于的竞争状态，根据市场位置进行品牌定位的方略。具体来说，在市场当中，有的企业掌控资源较多，处于优势地位，比如寡头、垄断等，还有的企业所处的行业竞争十分激烈，产品和企业数量都较多，这样近似于充分竞争的环境中，企业要进行品牌定位，要从寻找差异化开始，逐步将市场进行细分，这样才有利于突出特色，形成品牌竞争力。全面定位是针对不满足既定目标市场需求，拟从竞争对手一方的目标市场进行必要吸引的一种方略。这种方略显然对于那些具有一定知名度的品牌来说具有很强的吸引力，因为这些品牌不仅要实现品牌的知名度的提高，还要寻求品牌在市场上能够占据一定的领导地位，因此，需要基于一定差异化策略并逐步寻找与竞争对手一些共同特征，从而吸引市场份额。

(三) 品牌架构

品牌架构或者说是品牌组合结构，其针对那些拥有雄厚的资源，构建了不同的发展板块的集团化企业来说，因为拥有不同的产品和服务，交叉在一起，需要分别建立品牌，品牌之间存在一定的关联和组合方式。同时，品牌的架构与企业的经营状态、市场发展变化密切关联。如果市场得到扩大，市场又容易被细分，应当增加品牌，构建新的品牌来运作，这样不至于影响原有的品牌形象和定位，如果单纯混合使用，将降低品牌形象和定位，造成市场的认知混乱。

(四) 品牌价值观

品牌价值观是拥有品牌的企业自身根据市场发展、行业定位等因素综合判定的一种与众不同的价值理念。品牌价值观具有引导性，能向世界灌输其价值观。比如知名电子设备品牌"苹果"就将挑战权威作为其品牌价值观，这种价值观的形成直接与苹果品牌的创始人乔布斯相关，乔布斯是一个充满创造力的企业家，其对电子产品的设计理念极为要求完美，对手机、数码音乐、平板电脑等电子设备的定义完全突破了当时消费市场的认知，从而赋予了品牌一种持续创新的价值观。

二、"互联网+" 时代的农业品牌建设的典型案例

(一) 构建适应"互联网+"时代的线上营销渠道

当前，我国新一代网络信息技术不断创新，数字化、网络化、智能化发展速度明显提升，适应了全球经济发展新趋势。国家互联网信息办公室第49次《中国互联网络发展状况统计报告》（2022年2月发布）数据显示，截至2021年12月，我国网民规模达10.32亿，较2020年12月增长4 296万，互联网普及率达73.0%。我国手机网民规模为10.29亿，较2020年12月新增手机网民4 298万，网民中使用手机上网的比例为99.7%。我国农村网民规模已达2.84亿，农村地区互联网普及率为57.6%，较2020年12月提升1.7个百分点，城乡地区互联网普及率差异较2020年12月缩小0.2个百分点。网民中，20~29岁、30~39岁、40~

49岁网民占比分别为17.3%、19.9%和18.4%，高于其他年龄段群体。

生产与需求之间的匹配一直成为社会经济管理的重心。当生产超过需求，就会产生农产品积压现象，呈现卖难滞销现象，价格就会走低，谷贱伤农。当生产少于需求，就会促使农产品价格急剧攀升，甚至对社会物价指数产生冲击，严重影响社会需求的稳定，挫伤低收入消费者的利益。

百草味总部位于杭州，是一家以休闲食品加工、贸易、仓储、物流为主体，集线下、互联网商务经营模式、新零售为一体的综合服务型企业。2003年第一家百草味线下店铺创立，2010年正式入驻淘宝商城，"百草味旗舰店"挂牌营业。目前，百草味已经发展成纯互联网休闲零食品牌。百草味产品多达300多种，涵盖坚果炒货、糕点糖果、水果干、肉干肉脯、礼盒等5大零食系列。公司已累计投入4 000多万元建立了现代化的食品生产线，仓储面积达到10万平方米。在品牌美誉度方面，2017年，百草味成功入围中国品牌日首批"CCTV中国品牌榜"，2018年入选消费者最喜爱中国自主品牌前100名。

百草味的品牌定位是以国内和全球的食品零售业为重点。品牌的市场消费群体定位在现代社会白领消费者和年轻网民消费者。这些消费群体的显著特点是缺乏到实体店进行购物的时间，主要依赖线上下单消费。百草味的品牌口号是："探索全国的休闲食品"。品牌的产品范围从过去的坚果等食品转型向生鲜农产品覆盖。该公司计划在水果生鲜产品之外，将海鲜、鸡蛋等地方优质特色农产品也纳入范围。

百草味农业品牌建设的主要做法包括如下四个方面。

一是严格产品质量控制。百草味已经获得认证体系ISO 90001认证和ISO 200002认证，达到了标准化的质量管理体系。对于从阿克苏地区收购的农产品，目前已经建立一套完整的产品质量控制体系，从原料采购、生产、加工和销售渠道实现系统化质量管理流程。

二是精选阿克苏当地优质特色农产品进行收购。百草味企业在阿克苏地区重点收购当地特色农产品。例如，阿克苏185、星二核桃是当地壳薄、含油量高、具有较高品质特色的农产品。此外，新疆若羌灰枣，也都纳入其收购范围内。

三是探索建立社区配新型营销模式。现代互联网+发展模式下，消费者对线上下单采购的农产品到达的速度十分关注，如果产品能够准时到达，消费者的消费体验更加良好。因此，百草味通过社区代购点进行配送，满足了消费者购买体验更高的要求，实现了今天下单明天到货的目标。以新疆产小红杏、罗布麻等特色农产品为例，从阿克苏运输配送到销售市场的时间实现控制在24小时以内。以往为了提高配送速度，采取航空配送方式，但是空配运输成本高，更换社区配送新型模式，通过中转仓进行周转农产品，实现了批量运输配送，有效降低了运输成本，并增强了消费者快捷收货的体验感。

四是百草味的经营重点在产业链后端。百草味重点做农产品销售端，对农产品的生产环节的管理相对较少。由于市场范围面向全国，该公司通过构建物流仓储设施，加强农产品的流通管理。该公司依托杭州优先进行试点建立分流物流仓，陆续在二三线市场建设物流仓，目前共完成建设四个仓，分别是深圳、北京、郑州、杭州四个物流仓。企业选择物流仓区域位置与市场规模、物流条件、距离远近以及辐射范围等多个因素决定。

（二）整合超市销售渠道开辟品牌创建新路径

阿克苏天山神木农林科技有限公司是阿克苏地区一家国有林果经营企业，其业务范围较为广泛，涉及坚果、谷物、蔬菜、瓜果、花卉、牧草、苗木的种植、销售、农产品初加工服务、农业技术推广、休闲观光旅游、进出口业务等。从经营的农产品范围来看，天山神木公司共经营43类全品类的农产品，目前42类已经完全收购公司回来，目前仅有1类农产品是由一家民营企业经营，这家民营企业经营的类型是线上天山神木农产品。阿克苏天山神木农林科技有限公司收购企业之外的品牌资源，目标在于重新构建农产品知名品牌形象，重新打造天山神木良好农产品品牌，与此同时，加快线上线下农产品资源的整合。该企业做农业品牌取得的主要经验包括如下几个方面。

1. 坚持以品牌为导向，促进企业不断扩张发展

该公司从启动新一轮改革到不断发展至今，已经历时三年多时间，公司坚持走品牌振兴发展的道路。该公司天山神木品牌具有丰富的品牌寓意。天山表明了公司所处于的地理位置是阿克苏地区，新疆天山附近地区，拥有独特的适宜林果业发展的良好气候条件优势。神木是当地一棵知名的神树，因为历史悠久、虽然经历了灾害和战争，仍然屹立不倒，象征着顽强的生命力，象征着企业创业百折不挠的精神。因此，天山神木品牌的命名结合了当地资源禀赋优势特征，也结合了企业文化精神，具有较强

的品牌形象含义。

2. 坚持科技创新，不断提高品牌的科技附加含量

企业拥有较强的科技研发实力，在生产上游种苗培育、新品种改良等方面具有较强的优势，掌握了大量核桃、红枣等优质品种，为下游优质农产品生产提供了良好的种源优势。企业重视农产品精深加工技术开发，目前企业生产基地加工共开发了干鲜果、果酱精深加工产品、休闲食品种类多达100多种，同时，与一家合资公司进行合作，共同开发农产品包装设计。企业还将精深加工技术进行延伸，把合作社投入品管控纳入服务的专业化，与石河子一家植保所开展技术合作，通过完善种植标准化保证农产品质量。2012年启动有机农场转换，消除重金属等危害物，已经形成了红枣、核桃的有机生产体系，并完善农产品检测流程，不断完善农产品检测标准，目前已经开展了101项农药残留检测。

3. 严格管控产品质量，不断开拓市场

目前，企业已经拥有有机、加工、销售等4类证书，具有较齐全的资质。企业获得农产品进出口资质，符合国家标准。企业2019年接到一份美国订单，但由于受中美贸易战影响，美方单方面提出对中国出口的农产品征收25%的关税，导致产品竞争力下降，无法出口到美国。

三、"互联网+"时代的农业品牌建设面临的机遇与挑战

进入"互联网+"时代，新的概念不断涌现，颠覆了传统商业模式、营销模式，也颠覆了传统品牌创建的策略和方式。"互联网+"时代对于新疆农业品牌建设，既是机遇，也是挑战。机遇在于"互联网+"为新疆农业品牌建设提供了新思维、新路径、新方法和新范式，有利于走出传统品牌建设模式的误区，实现农业品牌建设华丽地转身或实现弯道超车。挑战在于"互联网+"拥有海量信息和数据，扩大了品牌建设可掌控的容量，如果缺乏一定的驾驭条件，将难以脱颖而出，陷入海量数据信息的淹没当中。

（一）互联网给农业品牌构建带来的机遇

1. 在产品上搭载质量信息变得更加便利

传统时代，判定农产品的质量安全仅仅通过外观、风味、生产日期等

信息，无法掌握全部生产过程和流通过程的信息，即便加载了质量安全的信息，也是大部分通过人工操作的方式，所加载的信息量少、耗费的成本多，最后为了提高效益，节约成本而流于形式。在互联网时代，通过二维码等方式，可以将产品全程生产信息进行整合，十分简易便捷将质量安全信息全部加载在最终的农产品上，生产过程的信息采集成本也较低，生产者、经销者等主体的操作信息十分便捷导入相关信息系统，信息系统生成的二维码包括了全部的信息。消费者可以利用终端智能手机扫描二维码进行信息查询，农产品质量安全信息的透明度大幅度提升，有效解决了消费者和生产者对农产品生产流通信息的不对称，有利于提高建立农业品牌的信誉，提高消费者对农业品牌的信赖。

2. 农产品的生产过程信息可以实现可视化

传统时代，消费者对农产品是如何生产出来的并不了解，对田间管理处于信息空白状态。消费者经常质疑生产者是否使用了不当的农药化肥，会导致农产品农药残留较高，危害身体健康。互联网时代，田间生产可以方便地设置监控装置，通过网络将每天的生产情况发送到信息系统，或者提供在线播放。互联网实现了通过各种照片、视频等多媒体数据形式，将农产品各个环节信息进行充分传递，将生产过程全部置于公众消费者的监督之下，让消费者随时随地地进行生产过程的了解和掌握，每个环节都变得更加透明，增强了消费者对农产品质量和品质的信心。

3. 自媒体的涌现为农业品牌传播提供了新途径

传统时代，生产主体创建农产品品牌，要通过报纸、杂志、道路与街区的电子大屏幕等平面广告完成，或者通过广播、电视进行广告宣传。在互联网时代，生产者可以自主借助互联网实现广告宣传，通过网站、手机客户端、微信公众账号进行产品推介。除了企业的农业品牌传播路径之外，企业还可以借助网红群体开展农业品牌传播。互联网网红是拥有众多粉丝群体的网络活跃人士，他们参与到广告宣传，具有十分良好的口碑传播效应。口碑传播与其他传统广告方式的区别是口碑传播对消费者的购买行为影响更大。因此，农业生产和经营主体可以利用互联网自媒体渠道、网红达人渠道实现品牌传播新的路径。

(二) 互联网给农业品牌构建带来的挑战

1. 新型消费者掌握了更多的消费信息

互联网时代，消费者接触到无穷的信息，信息的更新速度更快，人们掌握信息的节奏也随着加快。智能手机的广泛使用，使消费者利用手机随时随地上网，随时随地接触到第一手信息。互联网提供的信息类型也是多样化的，既包括文本、图片，也包括视频等多媒体信息，还有大量的互动、社交网络应用，不仅建立了从官方网站到消费者的单向信息流，也建立了消费者与消费者之间的双向信息流。互联网将消费者通过虚拟社会进行连接。互联网时代，消费者掌握的信息更多了，对农业品牌的要求也更高了，也更容易根据新的信息变化调整其品牌消费模式。

2. 互联网让农业品牌的利润空间压缩

传统时代，通过产地、批发市场和消费市场的传导，生产者和经销商稳定地获取一定的利润，而且在市场供需变化的情况，还可以获得较高的利润回报。但是互联网时代，传统流通模式受到挤压，线上订单的业务增长快、增幅大，在总体市场的份额不断提高。互联网提供了新的营销方式，也改变了传统销售方式。一方面，参与市场交易的主体获得信息量增大，对产地供应情况、对下游分销情况的掌握更加清晰，价格和供需量的变化等关键信息变得更加透明，利润空间被压缩。另一方面，互联网导致产地与终端消费之间的层级减少，中间环节被压缩，趋于扁平化发展，中间加价也没有了增长空间。

3. 互联网对农业品牌建设的方向带来冲击

由于消费者群体中，受自媒体影响、涌现的网红人物影响，口碑传播变成快速有效的品牌传播方式，这就意味着率先采取这样的品牌传播方式，将会赢得市场先机，将农业品牌做大做强的潜力就巨大。消费者在传统商业模式中重点是关注广告，但随着消费者对广告的摒弃，广告策略逐渐变得失效，而利用网络开展的口碑，培育农业品牌的粉丝成为农业品牌建设的重要选择方向。因此，农业企业在经营品牌建设时不能再依靠传统方式和传统经验，必须要适应互联网带来的新挑战。

四、西部地区自身建设农业品牌所面临的困境

西部地区在品牌建设方面，自身面临一些困境，主要体现在空间距离终端销售市场较远、在消费市场建立分销基地难度较大、新疆地区内部农产品存在一定的同质性、中小企业是新疆农产品品牌建设的主体、农产品行业协会发展处于起步阶段等。

（一）空间距离终端销售市场较远

新疆位于我国西北地区，偏于一隅。新疆农产品主要面向全国市场，特别是京津冀地区、长江三角洲、珠江三角洲地区。具体来说，新疆阿克苏地区到北京约 3 500 千米，到上海约 4 639 千米，到深圳市约 4 993 千米。即便是距离同样属于西部地区的西安市，也大约长达 3 263 千米。遥远的距离给品牌建设带来巨大的障碍。一是新疆生产者和经营者对市场环境认知不足。遥远的消费市场信息难以反馈传递给生产者和经营者，品牌的构建必须依赖于消费者的认知。托马斯·迦得（2016）认为品牌对客户体验至关重要，成功的品牌策略应该永远牢记如何提供卓越的顾客体验。而实践操作上，品牌创建主体第一步需要从心理上拉近顾客与自身品牌之间的距离。托马斯·迦得提出了一个客户体验值公式：

期待值 × 交付值 = 体验值。这意味着期待值越高，整体的客户体验就越高，品牌也就越强；期待值越低，客户体验水平也就越低。空间距离远，导致消费者对新疆农产品品牌的期望值较低，总体降低了体验值，不利于品牌建设和影响力的持久发挥。

（二）在消费市场建立分销基地难度较大

随着互联网的兴起及普及运用，不同规模的城镇网购潜力正在被激发，相比于传统的城镇之间物流配置系统来说，基于互联网的物流系统具有较强的技术优势和成本优势。但成功的物流系统设计和健全，离不开基于大数据管理的物流仓硬体建设。新疆在销售市场建立物流仓的主要困难包括两个方面：一是资金缺乏实力。在新疆以外的地区建立物流仓，需要支付大量的建设经费和租赁经费。二是土地利用的限制，需要当地政府和机构的相关支持。在东部地区支援新疆发展的政策环境下，有些城市为新

疆建立物流仓提供了便利条件。相比于一线大城市，建立物流仓相对比较经济，由于消费市场人口基数庞大，新疆农产品的消费群体也规模较大，建立物流仓虽然需要支付前期的建设成本以及后期的维护成本，但较好的预期效益，仍然值得去建物流仓。但是对于三四线城市来说，建设物流仓可能面临成本较高，收益一般的现象，制约了物流仓的建设和覆盖面的扩大。

（三）新疆地区内部农产品存在一定的同质性

新疆地域辽阔，但是总体上除了南疆、北疆之间气候条件有一定差距，在南疆、北疆内部之间相差不是特别明显，很多地区都可以广泛种植种类相同、品质相似的农产品。例如，南疆地区广泛种植核桃、红枣、葡萄、杏等坚果。由于区域气候条件、土壤、种植习惯等因素的共同作用，可用于开垦的隔壁滩面积供给很大，最终导致新疆农产品同质化发展非常明显，且产品的产量规模较大。同质化发展虽然有利于促进农业产业集聚，但是给差异化发展、实现优质优价带来不利影响。而优质优价恰恰是形成品牌的重要策略和方式。

（四）中小企业是新疆农产品品牌建设的主体

在新疆，除了一些国有企业、兵团企业之外，大部分的生产者和经营者都是中小企业类型或者农民专业合作社。这些经营主体存在一些共同特征：一是经营规模小。由于受资金占有、人力资源以及土地租赁等因素影响，中小企业的经营规模普遍不大，年度销售量有限，对新疆以外的农产品市场开拓力度也明显不足。二是品牌定位不准确。由于规模小，能实现顺利销售往往成为为中小企业的主要目标，在品牌打造方面缺乏整体思路，缺少专业化的品牌建设咨询支持，因此，品牌的发展基本处于混沌模糊的状态。三是品牌知名度低。虽然有的中小企业或者农民专业合作社已经建立了品牌，但是总体上，品牌的知名度很低。新疆农产品销售市场基本面向全国范围，新疆本地市场消化特色农产品的数量有限，是供给远大于需求的平衡关系模式。因为，销售市场在外，只有对销售市场消费者的信息和消费模式有较好的掌握，才有可能培育和提高农产品品牌的知名度和影响力。四是企业创新力度较低。推动农产品品牌建设长期持久发展，需要科技因素的投入。科技创新因素可以引领改变种植品种、改变包装设计、改变加工技术，由此可以为品牌提供更多的创新因素，为突出品牌的特色，引领品牌流行度提高，推动品牌的持久影响将起到积极有效的作用。

（五）农产品行业协会发展处于起步阶段

以阿克苏苹果协会为例，该协会虽然成了多年，但实际上并没有发挥实质作用，直至2019年，阿克苏苹果协会才真正开始启动运行，围绕农业品牌建设开展了具体的工作布局。长期以来，该协会没有对阿克苏苹果产业起到服务、支撑作用，也没有对阿克苏苹果公共区域品牌产生重要的推动作用。造成行业协会发展滞后的原因有三个方面，一是品牌意识不够强烈。阿克苏苹果由于其品质较好，以冰糖心等特征在市场上迅速走俏，不愁销路，导致生产者和经营者对品牌的建设没有强烈的意愿，更没有对阿克苏苹果产生品牌保护的思路。二是缺乏实际行业品牌建设手段。品牌的运作需要采取许多行之有效的措施，例如设计保护制度，门槛制度或者制定一些排斥性的制度。三是苹果行业生产者和经营者的内部竞争较大，互相之间开展合作、共同打造公共品牌的意愿不强烈，缺乏必要的合作精神。

（六）品牌市场细分不到位

企业经营农业品牌，取决于市场的终端消费。随着消费者收入的提高和健康意识的增强，对农产品的品质和营养都提出更高的要求，这对构建新疆特色农产品品牌具有较强的优势。农业企业应当根据市场终端消费需求的变化，及时跟进品牌定位，细分市场，例如对高质量农产品市场进行细化。新疆大部分企业从事的是大宗农产品的品牌建设，比如苹果、核桃、红枣等，这些产品的特点是产量大。从外观来看，品质差距不大，不容易进行市场细分区割。很多企业在品牌建设上容易陷入雷同、相互竞争的格局，不利于品牌建设的长久发展。

（七）农业品牌人才匮乏

开展农业品牌建设，必须要引进专业化的品牌建设人才。从实践来看，新疆由于地处西部，经济发展程度不及东部沿海、中部地区，与周边其他省相比，由于地理位置相对较偏远，对人才的吸引程度较低，加上地方政府对人才引进缺乏系统性政策配套支持（例如，解决引进人才的子女入学、医疗、社会保障等社会化服务问题），本地农业品牌人才的存量也有限，最终导致新疆农业品牌建设的人才匮乏。农业品牌人才的特点是复合型、应用型人才，既要懂得市场营销的基本规则、技巧，也要掌握互联网时代各类信息的变化；既要运用传统广告进行品牌宣传，也要运用会展、多媒体和互联网等品牌传播方式。

（八）农业品牌建设的资金不足

农业生产经营主体在农业品牌建设上存在资金不足，品牌建设和宣传推广需要大量的营销费用投入，广告投入、品牌建设配套的技术支撑投入。为了持续扩大品牌影响力，这些投入的经费还可能需要长期坚持投入。另外，对于区域公用农产品品牌建设来说，需要政府进行大量投资建设，例如制定地区品牌的地区标准，推广地区标准，整合地区农业公用品牌的资源等。

五、"互联网+"时代的新疆农业品牌建设路径选择

（一）完善农业生产标准，全面提升产品品质

品质是农业品牌建设的核心元素和竞争力，加强品质管理，持续提升品质是推动新疆农业品牌持久影响力的关键。目前，农业生产标准存在更新滞后、标准不统一等突出问题，加快标准的更新升级以及不断提高标准，对于新疆农业品牌建设将产生良好效果。互联网时代，消费者对农产品的品质要求更加完美，要求农产品具有良好的颜色、外观、大小均匀的形状，同时消费者又对个性化的农产品具有较高的浓厚兴趣，有属于自己年龄段、身份、工作性质相关联的消费模式。因此，新疆农产品生产标准的建立应当以最终消费者的满意度提升为目标，及时进行标准的修订和更新，更好地维护农产品的良好形象。

（二）科学界定农业品牌的定位

新疆地区广阔，农业生产经营主体数量众多，容易造成同质化竞争发展格局，克服这一格局的重要策略是实施差异化发展战略，这就要求企业

和合作社能够对本企业或合作社的农业品牌进行清晰合理的定位。从品牌建设的经验来看，农业品牌定位可以根据消费者群体、地区市场、商业模式、商品特征以及市场价格进行定位。按照消费者人群定位，意味着新疆农业经营主体可以根据不同年龄段的消费者群体实施农业品牌建设。例如，针对白领和青年群体，可以利用优惠券、网络节庆活动（双十一、618、春节等）重点推广互联网网购的品牌建设，突出快捷、便利、唾手可得等品牌形象，加强互联网品牌宣传和推广；针对儿童，可以将农业品牌定位在有机生态、安全、营养健康的品牌形象，设计适合儿童喜欢的包装和品牌形象；针对老年人，重点推广养生理念的品牌设计。又如，按照商业模式分类，由于新疆的中小企业较多，不可能针对全国建立统一的商业模式，每个中小企业都会有自己的优势和潜力，应当结合目标市场，结合生产优势以及销售渠道，打造属于自身个性化的品牌定位，例如，定位在适合旅行的零食，适合24小时便利店的生鲜农产品品牌，适合大型超市的品牌，或者实施会员制，非会员无法进行购买等模式。

（三）打造区域公用品牌，构建母品牌—子品牌联合运营模式

实施品牌组合战略，是推动品牌影响力扩大、快速提升品牌知名度的重要手段，是引爆流行的重点策略。新疆地区应以政府为主导，加强品牌协会建设，围绕主导产业建立健全区域品牌协会或行业协会（例如，阿克苏地区应重点围绕苹果产业完善苹果协会发展，围绕核桃、红枣分别组建核桃协会和红枣协会，突出协会的专业性、专业化和品牌导向性），全面打造区域公用品牌，推动涉及行业的企业公共联合发展、联合打造推广农业品牌。发挥区域公用品牌的带动能力，以区域公用品牌作为品牌建设的"航空母舰"，在全国市场提升区域品牌的知名度和影响力，以区域公用品牌作为母品牌，以企业自有品牌作为子品牌，构建母品牌—子品牌联合构建模式，推动母子品牌的知名度和影响力同时提升。

（四）加强营销渠道的管理，构建面向全国的统一物流体系

在农业品牌进行清晰合理的定位之后，产品的营销渠道就会自然产生差异化。总体的营销渠道的分流，主要体现在一是让高端的产品流入高端产品流通渠道，中端产品进入中端渠道，低端产品不能进入高端和中端渠道。要完善配套加工体系，将低端产品进入精深加工环节，将低端农产品

转换为加工制品。例如，红枣的低端产品进行开发利用，制作称为红枣酒、红枣醋、红枣孝素等新产品。长期以来，新疆各地低端产品进入高端产品流通渠道，破坏了高端农产品的品牌形象，损害市场的长期利益。

同时重点通过在全国主要市场建立分销仓储，加快全国统一物流体系的建设。以东部沿海地区为重点，例如京津冀、长三角、珠三角经济发达地区，与当地进行深度合作，挖掘市场潜力，搭建稳定平台，建设新疆特色农产品物流分销中心，强化中心对周边城市区域次级批发市场和消费市场的带动，充分利用互联网技术手段，动态分析新疆农产品物流信息数据流，有效应用于企业营销管理，降低物流配送成本。

（五）坚持科技创新，推动农业品牌科技含量

广泛应用互联网收集的消费者调查、满意度测试结果，依靠科研院所、高等院校，定向开发适合终端消费的特色农产品品种，改良并推广优良品种，全面提高优质农业品种的普及率，广泛推出市场前景好、品质优的品种，夯实农业品牌建设的种源品种。加强以新疆优质特色农产品为原料基础的精深加工产品的开发，与生鲜农产品形成互补的产品系列，共同打造品牌知名系列产品。借助"互联网+"等手段，深度了解消费者潜在消费需求热点，提高新技术的应用，通过产品创新、技术创新、包装创新、设计创新等策略，提升农业品牌的形象和知名度。

（六）优化互联网品牌传播方式，扩大品牌影响力

借助互联网手段，充分利用名人效应，将公众人物、明星代言以及广大网红、拥有大量粉丝观众的自媒体用户纳入品牌口碑建设当中，探索将新疆当地名人（例如打造苹果、红枣或核桃产业的企业领军人物）和农产品品牌进行联合创建（讲好创业创新故事，做大做强农业品牌），打造新疆特色农产品品牌口碑传播新模式。发挥知名个人的领袖意见作用，通过消费者对知名个人的信任和信赖，推动产品的营销和品牌的塑造，持续带动客户的良好反馈。借助互联网手段，创意设计虚拟人物或动物（如企鹅、小狗、小狮子等）进行农业品牌的代言，通过卡通人物或动物设计，运用动漫、动画、广告、宣传、视频、信息、社交网络等形式，讲好卡通人物或动物的虚拟故事，建立虚拟人物或动物语言，提高消费者内心对品牌认可和接受程度，让虚拟卡通人物或动物传播农业品牌的文化。

(七) 创建强势品牌，培育稳定的消费者忠诚度

新疆农产品不仅要创建农业品牌，还要坚持走品牌强农道路，推动农业品牌成为农业强势品牌。在"互联网+"时代，要利用大数据等提供的有力信息，对消费者消费行为模式进行深入研究，有针对性地投放品牌广告和宣传信息，实行靶向品牌宣传方案，制定符合新疆农产品发展的品牌发展战略和路径。增强与消费者的互动交流，重视通过打造社群、交际圈、吸引粉丝等新方式新手段建设共同价值，重视通过增进消费者信任、认可，通过平等坦诚的沟通方式进行消费者感情维系，加强消费信息有效传导到生产端，从种植环节、产地批发环节、加工环节、分销环节共同为打造消费者心目中的品牌发力，不断增强消费者消费黏度，培育稳定的忠诚度。

第七章 新疆农产品品牌建设的战略选择与政策建议

党的十九大提出了实施乡村振兴战略,这对未来我国农业农村发展将起到良好的引领作用。乡村振兴规划（2018—2035年）提出"加快农业转型升级,培育提升农业品牌",要"擦亮老品牌,塑强新品牌,引入现代要素改造提升传统名优品牌,努力打造一批国际知名的农业品牌"。近年来,新疆不断加强农业现代化发展,通过品牌运作的方式扩大农产品市场消费,引领农业产业转型升级。新疆农业绿色化、优质化、特色化、品牌化的程度不断提升,农业由增产导向转向提质导向,实现模式切换,突出以质取胜的发展战略。新疆通过树立典型的方式,激励不同地区不同产业不同类型的农业经营主体积极构建宣传品牌,增强地理标志农产品保护力度,稳步打造一村一品、一县一业发展新格局,通过品牌经营提高农业发展质量和效率。基于前面六章的分析和研究得出的结论,从加快农产品品牌建设,引导新疆农业高质量发展,为乡村振兴提供产业支撑的角度,提出如下建议。

一、加大投入,以政府力量引导整合品牌

近年来,新疆部分品类农产品生产相对过剩,销售存在难度,销售价格较低,导致出现农民增产不增收状况,重要原因之一就是新疆农产品缺乏知名品牌农产品,市场知名度不高,导致其在市场上的占有率较低,品质优势还没有转化为市场优势。因此,新疆各地各级地方政府在农产品区域公用品牌建设工作中,应做好管理、引导和服务,应大力扶持发展以涉农龙头企业为基础的行业协会,使其成为农产品区域公用品牌建设的责任主体,并针对行业协会出台产业扶持政策、财税和金融优惠政策,加强规范化与标准化,为行业协会提供良好的品牌创造和运作环境,不断强化其

经营、发展新疆农产品区域公用品牌的能力。对于在国内外已初步形成知名品牌效应的农产品区域公用品牌，政府应进一步加强与行业协会联合，明确责任主体和分工，合力形成农产品区域公用品牌保护和管理的长效机制和工作方案。

（一）积极发挥政府对农产品品牌建设的引导作用

一是围绕农产品品牌建设的战略需求，科学制定特色产业发展规划，将品牌战略和建设内容吸收到特色产业发展规划当中，促进特色业发展与农产品品牌建设之间协调同步推进，避免特色产业盲目式发展、跟风式发展以及重数量、轻质量粗放式发展。二是从区域角度发，结合特色产业发展状况和市场前景，制定符合本地区实际的农品牌建设方案，出台配套政策加以实施。三是在项目经费支持上，加强扶持协会、企业、合作社市场主体，重点培育农产品区域公用品以农产品区域公用品牌为核心，带动企业品牌、产品品牌协同发展。四是主动引智、邀请国内外专业机构或专家进行农产品品牌战略咨询工作，针对企业、合作社经营实体做好品牌建设人员培训工作。

（二）打造现代化农产品质量安全体系

现代社会消费者对农产品质量安全的关注程度比历史上任何一个时期都更加强烈。在媒体和信息资讯发达便捷的今天，任何农产品或者食品质量安全方面的负面新闻会立刻被传播，并被消费者所掌握。因此，农产品和食品质量安全的保证是决定农产品是否最终会被消费购买的重要因素。但农产品质量安全的信息通常难以被包括在产品品牌上。这需要新疆对质量安全认证制度的变革与创新，完善当前农产品质量安全监管，形成统一的认证体系，生成对品牌构建有益的质量安全信息，为构建和提升品牌美誉度提供辅助作用。

新疆产业化、规模化、标准化生产基础好，具有建设现代化农产品生产体系和质量安全管控体系的能力。在农产品品牌建设过程中，新疆应将农业发展特征和新疆特有的地域文化有机融合，实施农产品质量安全的高标准方案，满足新时代消费者对高质量农产品的消费需求。一是建设农业安全生产体系，例如，实施良好农业规范标准，保护农业土壤、水资源等绿色生态特点，实施推广种养殖标准规范。二是构建农产品质量安全追溯体系，建立新疆农产品标准体系，构建从田间到餐桌的完整标准规范，便于外销内地市场。三是在品牌建设中融入质量安全因素，提升品牌的质量信誉。四是借助新疆良好的生态资源环境优势，强化质量安全监管，保证检验检疫标准符合国家相应规定，将特色农产的品牌形象既定位在品质优异的产品，也定位在质量安全高标准的产品，将从品质和质量安全两个维度进行综合管理，从而赢得市场消费者的青睐。五是依托农民专业合作社、农业产业协会，对农产品生产实施标准化，统一农产品种植品种的引进和应用，从生产环节保证农产品品质统一，遵循统一的技术标准，实施统一规范的田间管理作业技术流程，做好农产品品牌建设的第一道防线。六是对农产品实施严格的分类分级管理，对不同等级的农产品实行优质优价，为农产品品牌价值提升提供支撑。

（三）加强原产地保护，创造独特的品牌形象

新疆的地域特色明显，具有较强的品牌开发和建设优势，利用地理名称对农产品进行命名，能够有效扩大农产品品牌的市场影响力，结合新疆独有的特色旅游资源，更容易构建强势品牌。新疆应结合特色农产品地理标志的保护工程，组建发展农业特色产业的行业协会，通过协会作为责任主体，加强对农产品地理标志的知识产权进行有效保护，夯实区域品牌建设的微观组织保障。

从农产品名牌的建设情况来看，新疆农产品品牌建设的区域性差距非常明显，北疆建设快于南疆，很多地区名牌农产品品牌仅有1或2项，克孜勒苏柯尔克孜自治州、巴音州等地区的农产品品牌还没有取得名牌效应，市场的经济效益和社会效益还没有得到充分显现，这与新疆各地区农业资源优势较强的实际情况并不匹配。通过调研和政策反馈等情况来看，新疆农产品品牌建设对加快经济发展落后地区、乡镇的产业发展起到良好的引领和拓展作用，能够通过品牌建设加快贫困地区和贫困农户脱贫致富。品牌建设涉及重要的任务之一是品牌发现和品牌识别，由于新疆很多地区具有独特的农业资源和生产条件，开发了品质优良、绿色生态的特色农产品，这些农产品通过品牌建设扩大了销售渠道，提高了产品附加值，将过去低价值的农产品转变为具有较高经济价值的名优产品。

一是政府部门要依据法律对地理标志进行严格保护，对违法侵害地理标志知识产权进行执法，让侵害区域品牌的行为受到法律的约束和制裁，

营造区域品牌发展的良好环境。二是要鼓励支持行业协会发展壮大。通过开展培训,引入更多的生产主体对区域品牌进行参与建设,让行业协会持续运作品牌,扩大品牌的市场影响力和品牌的价值,进一步引起生产者群体形成联合协作、共同维护品牌的行为。三是加强新的农产品地理标志的开发。很多地理标志成为市场火爆的热点时,仿制和假冒的农产品恰恰是主产地周边的农产品,由于地理条件、种植技术、品种差异等因素影响,出现在品质上的差异,对品牌的价值关联很大。因此,对地理标志保护区附近区域应通过政府主导、市场培育、技术支持等多种方式,加强适宜当地的农产品品种种植的开发和地理标志的登记,避免走产生同质化发展道路。

二、加强市场主体在农业品牌建设中的积极作用

(一) 增强企业对品牌的认识和品牌建设力度

农产品加工企业的收入和利润主要依赖于消费者的购买行为,培养消费者对农产品品牌的忠诚度,是稳定农产品市场需求的重要途径,也是企业提高销售能力和扩大利润空间的重要途径,因此任何一个农业企业都应该提高对品牌建设的重视,并加强品牌建设的力度。然而,新疆很多农业企业对品牌建设的认知还没有达到非常重视的程度,一方面,有的农业企业已经拥有了稳定的市场销售渠道,获得了较好的市场销售业绩,对品牌给企业带来的潜在价值低估;另一方面,有的农业企业,长期没有构建培育知名品牌,从品牌获得的品牌溢价非常少,处于一种无感的状态,缺少加强品牌建设的决心。新疆农业企业应当重新审视品牌对于企业发展的益处,应当将企业的发展远景直接与品牌建设的效果进行必要关联,才能够适应不断竞争的市场环境,与此同时不断提升品牌作为无形资产的价值。在品牌建设过程中,新疆农业企业应重点将农产品的生产模式和农产品品牌的定位进行统一配置,围绕农产品品牌设计,农产品加工、产品市场推广与营销、品牌文化的创建、品牌知识产权的保护等多个环节进行整体推进,强化品牌定位,争创知名品牌。

(二) 强化产业协会在品牌建设方面的主导功能

产业竞争力的提升最终体现在品牌竞争力的提升，产业协会的功能设定中，较为高层次的功能是培育发展品牌、扩大品牌的知名度和市场影响力。新疆应将品牌建设和营销作为各地特色产业协会发展的重点任务，吸引品牌建设人才，扩充品牌营销实力。一是协会应深入基层，针对不同产业经营主体，广泛开展关于农产品品牌建设的基础数据采集，详细了解经营主体对农产品品牌建设的基本想法、主要思路、意见和建议，并以此基础制定接地气的农产品品牌建设方案。二是协会牵头组织，带动区域范围内龙头企业、合作社等经营实体广泛内外重要的农产品展销会、博览会或交易会，通过整体包装和策划，对区域内农产品品牌进行针对性宣传推介，提升农产品品牌在消费市场的知名度，扩大影响力。三是利用广播、电视、报刊、互联网、客户端等媒体，构建农产品品牌宣传体系，加强农产品品牌的宣传。四是有条件的地区可以探索联合组建成立专业化的农产品品牌推广协会，将不同特色产业协会的品牌建设功能进行有机整合，形成更加强有力的农产品品牌经营宣传团队，联合推动农产品品牌建设。

(三) 培育农民专业合作社品牌创建和运作能力

从传统经营模式上，农民专业合作社侧重农业生产资料的统一购买、农业种养殖技术的标准化以及农产品初级分类，但从长期发展来看，农民专业合作社应当在农产品销售发力，着力提高农产品品牌建设能力和经营能力。农民专业合作社是分散农民在经营上的进一步联合，能够凝聚分散农户的共识，形成竞争合力，有效抵御市场各类风险，提高总体经营效益。品牌建设是促进农民专业合作社提高经济效益的重要途径。通过标准化统一生产和后期农产品分类分级管理，农民专业合作社具有潜力和能力生产出高质量的农产品，特别是开展有机种植和有机认证方面，农民专业合作社在竞争优势上不输企业。因此，新疆农业主管部门应当加大扶持力度，鼓励支持农民专业合作社创建和经营品牌，在注册商标、包装设计、品牌宣传上给予一定补贴和优惠，让农民专业合作社搭上品牌建设的快车，享受品牌增值带来的好处，更好地促进小农户与大市场的对接。

三、创新品牌建设方法

当前我国社会信息化程度不断提升，依靠传统媒介传播品牌，不仅速度缓慢、范围较小，而且由于缺乏多样化的传播方式，很难达到良好的品牌宣传效果。借助新媒体等移动互联网技术，加快新疆农产品品牌宣传和推广，是有效提升新疆农产品品牌的策略。例如，广泛应用新媒体手段，通过讲好新疆农产品品牌故事，在移动互联网各种社区当中形成良好的农产品品牌口碑，逐渐构建新疆绿色、生态、优质农产品品牌形象。又如，将网络营销与各种农产品会展进行有机结合，一方面，通过网络传播新疆农产品参与的各类会展信息，树立良好的农产品品牌形象，另一方面，通过网络互动，让更多消费者亲身走入各类新疆农产品展销推介活动，增强消费者对新疆农产品品牌的体验，提高消费者的信息了解程度，渐进培养忠诚的消费者群体。除了运用网络技术创新品牌建设之外，还应当充分结合新疆农产品产地特色优势。加强以地理标志登记、绿色食品认证、绿色食品原料生产基地认证为主的标准化生产基地建设，加大扶持"公司+基地+合作社+农户"模式、"公司+基地"模式、基地+订单农业订制化种植生产模式，将不同认证信息、产地信息、合作模式融入农产品品牌建设与管理当中。

（一）运用新零售理念运营农产品品牌

2016年10月，马云在阿里巴巴主板的全球云计算峰会演讲中提出"未来几年不会再提电子商务"，同时提出了新零售、新制造、新金融、新技术、新能源的"五新"观点。2017年3月，阿里研究院发布了《新零售研究报告》，抛出了新零售概念，并加以系统解读，引起了业界广泛关注和讨论。2017年7月，京东的刘强东发表了《第四次零售革命》署名文章，提出了超越互联网的零售革命，认为无界零售已经成为趋势。此外，小米、腾讯等企业也纷纷提出了属于自己理解的新零售概念或类似概念（陈欢 等，2018）。通俗讲，新零售在于结合了线上电商平台和线下实体店各自的消费者体验优点，综合成为一种新模式，根本上促进了消费者体验的变革。

新疆农产品品牌建设目前还处于利用电子商务平台进行品牌传播和宣

传,虽然依靠浙江等省份开展了实体店体验,但是两者之间明显存在距离,没有进行融合发展。按照新零售的理念,应当将电商平台和实体店进行有机结合,更好为消费者提供丰富体验,从而进一步提高品牌的知名度和美誉度,赢得消费者青睐和忠诚度。

(二) 重视农产品品牌战略的选择

仅具备品牌意识,不足支撑培育品牌和提升品牌知名度的全部过程。新疆业应主动实施品牌战略,从战略的高度策划设计品牌、推广宣传品牌。当前,正处于改革时期的新疆应将品牌战略置于最优先、最核心考虑的战略。首先,新疆应合理进行品牌定位。新疆必须对农业优势是什么,可以利用的资源有多少,产品和服务如何定价,产品的近远期目标市场在哪里、销售渠道如何构建等一系列重大问题进行关注,实施科学合理的品牌定位。其次,要从消费者角度进行构建品牌。段淳林(2018)认为,品牌精神文化能够维护品牌与消费者之间的关系。因此,新疆地域特色文化精神也能成为品牌构成的重要元素。最后,新疆应灵活运用品牌延伸、母子品牌等其他品牌策略。于春玲等(2012)认为延伸产品与母品牌的契合度是品牌延伸的核心影响因素之一。品牌延伸是通过成功的品牌带动另外新的品牌,将已经取得优势竞争力的产品推广到其他类型产品上,例如将红枣成功品牌运用到核桃产品上。母子品牌策略是利用母品牌的战略优势,较快捷地将衍生的子品牌的美誉度、知名度进行提升,例如将农产品区域公用品牌设定为母品牌,将企业品牌设定为子品牌,将区域公用品牌和企业品牌进行联合使用、宣传和推广。

(三) 加快农产品营销和品牌打造的人才队伍建设

总体上,新疆各地区普遍存在重视生产、轻视营销的特点。在市场经济环境中,赢得市场才能最终形成产业竞争力、企业竞争力和品牌竞争力。新疆地区新型农业经营主体应当以市场需求为导向,建立以不断满足变化的消费者需求特征的生产体系、营销体系和品牌建设体系。因此,在农业人才培养和引进上,不能单独依靠农业生产人员和技术人员,还应有意识地打造良好的营销团队和品牌运作团队,有意识地培养熟悉农业、懂品牌建设的高级管理人才,同时结合创新元素、互联网技术等新手段提供的实战机会,有针对性地加强专业化培训,提升品牌创造和品牌运作的实际能力。

(四) 提升农产品品牌溢价和产品市场竞争力

现代市场经济充满了激烈的竞争,农产品的生产者众多,供应数量较大,难以形成市场垄断,无法获得市场垄断利润。但是加强农产品品牌建设和管理,将有利于获得农产品品牌溢价,既适当提高品牌农产品的价格,也不会削弱市场消费需求,因为品牌的原因,消费者消费行为形成了较为稳定的模式。对于大部分新疆农产品而言,品牌的溢价效应尚未得到有效发挥。大部分新疆农产品品牌在消费者的形象还没有晋升为高端农产品品牌,大部分新疆农产品品牌的主要积极因素来自风味和口感,品牌对农产品质量、食品安全认证、绿色生态环境和动物福利等其他重要因素的覆盖还没有真正建立起来,品牌价值的提升空间依然较大。在未来新疆农产品品牌建设当中,应当尽快从生产端向消费端构建从田间到餐桌的规范化、标准化生产体系,严格农产品的质量安全保障,让新疆农产品成为值得信赖的高品质、高标准质量安全的农产品,将新疆农产品品牌的形象从单一依靠风味和口感因素向品质、生态、安全等多元因素进行转变和升级,从而形成稳定的消费群体,拥有较高的品牌知名度,最终提高农产品的市场竞争力。

四、加快滞后区域农产品品牌建设

(一) 广泛开发特色产业农产品品牌建设

新疆农业资源丰富,地理范围广阔,生产了大量优质的特色农产品,很多农产品种类是在全国其他农业主产区无法生产获得的,具有独特的生产优势。因此,新疆应当加快特色农产品的品牌建设。特色农产品由于属性特殊,产品生产具有一定的稀缺性,在市场营销过程中,竞争力更强,加之新疆绿色生态的农业生产环境,十分容易创造品牌,也非常容易通过精准的品牌定位实现增加品牌价值的目标,并提高品牌的市场影响力。

将本地区自主品牌建设与借助其他地区知名品牌发展统筹起来。新疆地域辽阔,很多地区的特色产业存在较强的相似性,农产品质和类型差距较小,有些品质相似的农产品,可以联合申请或者共享某一具体地理标志,让通过登记的地理标志辐射带动周边区域农产品发展。从经济学角度来看,周边地区可以借助知名农产品品牌搭便车进行产业发展,减少构建品牌的成本。例如,库尔勒香梨的原产地虽然是巴音郭楞蒙古自治州库尔勒市,但阿克苏地区、一师阿拉尔市一带地区也盛产库尔勒香梨,在实践中,同样阿克苏地区和一师阿拉尔市都使用了库尔勒香梨地理标志,节约了创建品牌的成本。同理,阿克苏地区和阿拉尔市的地理标志,也可以辐射带动符合条件的周边区域,这样将与其他地区形成农产品品牌分工格局,最大化品牌给产业带来的经济效益。

(二)提升产业化水平扶持引导农产品品牌建设

从品牌建设的情况来看,新疆农业产业化经营水平低、产业链较短,新疆农产品品牌建设大部分停留在初级农产品上,对精深加工农产品和食品、饮料产品等中下游产品的品牌建设投入相对滞后,这已经成为制约新疆部分地区农产品品牌建设停滞不前的重要因素。初级农产品虽然可以建设品牌,但是一方面初级农产品建设的品牌附加值较低,另一方面,初级农产品由于生产很容易复制,产品除了品质和口感之外的其他因素很难成为建设品牌的核心竞争力,品牌持续运作的难度较大。而通过产业化发展,特别是延伸产业链,开发中下游精深加工产品,可以有效弥补初级农产品品牌建设的不足,可以增强农产品品牌建设的持久性,通过科技创新、营销创新、新产品开发、新的广告投放,将有效提高农产品品牌建设的效果,进而培育更多的知名品牌。一是与沿海省份以及新疆区域内农产品精深加工企业广泛开展合作,延长特色农业产业链,将农产品附加值向精深农产品延伸拓展,通过多种类系列终端产品的方式打造品牌,克服初级农产品单一产品种类在培育发展农产品品牌面临困境的难题。二是通过产业化经营水平的提升,不断向特色农业产业注入科技因素,持续提高特色农业产业创新发展层次,通过科技因素和创新因素共同培育发展品牌。三是借助业融合发展机遇,将种养殖、加工、休闲观光、生态旅游等不同类型业态进行综合发展,带动品牌效益提升。

五、运用新手段强化农产品品牌经营

与其他品牌建设具有相似性,新疆农产品品牌建设也需要长时间的积累和实际经验的不断总结完善。但科技发展和消费者消费模式的升级转变，为新疆农产品提供了更加广泛的手段加以运用。

（一）运用"互联网+农业"手段，全面改进提升农产品品牌创建和宣传

现代社会是信息社会，互联网技术得到广泛应用。近年来，移动互联网发展迅速，通过智能终端获取信息的便利性大幅度提高，也被称为"指尖互联网"。互联网快速发展的今天，电子商城、网购等方式不断涌现，改变了传统的消费模式，扩大了消费者对农产品的选择空间范围。在移动互联网时代，消费者群体结构及其消费行为发生了较大的变化。主力消费群体的年龄结构更加年轻化，消费行为方式上对电子商城、网购、海淘等移动互联网营销模式的认知程度更高，使用频率更高。戴世富等（2014）认为，互联网背景下，消费者注意力分散化，但互联网还可以通过娱乐化、轻松化的方式促进品牌的传播。王敏等（2017）认为，辅以"互联网+"手段能有效扩宽行业前景和指导产业品牌的建设。成功的农产品品牌建设，不仅是成功打造品牌，还包括能够实现品牌延伸。所谓品牌延伸是指农业经营主体通过借助已经创建的品牌，将其市场影响力转移应用到新的品牌或者新产品上。互联网应用能够有效缩短延伸距离，将企业、消费者和社会的关注引向品牌延伸。在此背景之下，通过移动互联网实现新疆农产品品牌延伸变得可行，将新疆品牌从林果产品向畜牧产品、棉花、粮油产品、精深加工产品延伸。新疆应抓住"互联网+农业"新的机遇，积极借助电商平台，加快农产品宣传和推广。新疆应积极抓住移动互联网带来的良好机遇，加快新疆特色农产品品牌建设和推广。利用移动互联网的便捷性、低成本性进行多样化的品牌传播。利用移动互联网重视自媒体的特点增加品牌宣传力度，推动新疆品牌形象人性化、个性化、特色化，增加品牌的互动性、体现性，更加贴近消费者实际需要。

（二）主动掌握消费群体的消费行为模式

与传统不同，现代社会的消费群体在消费方式、消费行为发生了根本变化，主流消费者是成长于改革开放之后经济社会物质高度发展的80后、90后消费群体，具有一定超前的消费理念和对高质量、高品质产品的消费诉求。新疆农业经营主体应该充分了解这样的变化，在此基础上打造适

应新消费群体的农产品品牌形象，让农产品品牌的标识、包装、广告等其他营销方面与新消费群体可以实现无缝对接。适应消费者对深度价值重视的特点，积极开发新疆农产品品牌的深度价值。

（三）搭载其他知名品牌

新疆很多农产品由于产业发展单一、侧重初级生产比例较高，产业的下游延伸不足，可以选择与内地食品和饮料加工企业进行深度合作，探索实施组合品牌策略，将终端食品的品牌和新疆地域品牌进行有机结合，降低新疆农产品品牌培育的成本，提高新疆地域品牌的知名度和美誉度。

六、加快兵团农产品品牌建设的政策建议

（一）理顺政府与市场作用

社会主义市场经济条件下，市场对社会资源配置起到决定性作用。政府的作用定位在引导，通过产业规划和政策，通过监督管理等方式，为市场提供良好的机制运行环境。兵团体制的特点是政企军三方统一混合，兵团既是政府部门，要引导市场发育发展，又要充当企业作为市场主体，参与市场经济活动，既当裁判员，又当运动员，影响了政府和市场主体两方面作用的发挥。兵团在加强农产品品牌建设中，要继续深化改革，推动职能转变，实施政企分离，释放企业社会责任等包袱，以市场经济主体的身份开展农产品品牌建设活动。兵团侧重在政府的作用上，引导企业开展品牌建设和品牌规划，对假冒品牌产品进行严格的市场监督、规范和清理，对违法的行为进行有效的制裁，为品牌建设打造公平公正的良好的市场环境。

（二）增强农产品品牌意识

市场经济条件下，品牌已经构成企业的无形资产，越是大型企业越是注重企业品牌资产的增加。兵团开启深化改革之后，企业必须树立品牌经营理念，通过不断改进经营策略，提升企业经营效率，独自面对竞争激烈的市场环境。兵团企业通过建设品牌可以强化资产价值，增加兵团企业及团场企业的经营能力，改善经济绩效。值得注意的是，品牌不同于商标，

这对于兵团企业树立品牌意识时必须重点考虑。任何一个企业在市场经营过程中都会申请注册相应的商标，商标是区别于其他产品的重要标志符合，但商标的内涵相对单一，主要体现在商标图案、符号、文字等外观设计上，而品牌是企业产品与服务、经营理念、企业家特点、企业文化等多种元素组成的有机统一体，其内涵比商标更为丰富，品牌的创造和运作具有更多的可能性和更强的拓展性。

(三) 打造现代化农产品质量安全体系

兵团拥有规模化、标准化、集团化的生产条件，具有建设现代化农产品生产体系和质量安全管控体系的能力。在农产品品牌建设过程中，兵团应将农业发展特征和兵团军垦文化有机融合，实施农产品质量安全的高标准方案，满足新时代消费者对高质量农产品的消费需求。一是建设农业安全生产体系，保护农业土壤、水资源等绿色生态特点，实施推广种养殖标准规范。二是具有兵团特色的农产品质量安全追溯体系，构建从田间到餐桌的完整标准规范。三是将质量安全信息与农产品品牌进行深度结合，让兵团农产品品牌形象中自然附加质量安全信息。

(四) 充分运用移动互联网手段强化品牌宣传和推介

在移动互联网时代，消费者群体结构及其消费行为发生了较大的变化。主力消费群体的年龄结构更加年轻化，消费行为方式上对电子商城、网购、海淘等移动互联网营销模式的认知程度更高，使用频率更高。兵团应积极抓住移动互联网带来的良好机遇，加快兵团特色农产品品牌建设和推广。一是利用移动互联网的便捷性、低成本性广泛开展品牌传播，丰富互联网对兵团品牌的宣传内容和方式。二是利用移动互联网重视自媒体的特点增加品牌宣传力度，推动兵团品牌形象人性化、个性化、特色化，增加品牌的互动性、体现性，不断提升消费者对品牌的认知和认同。三是不断阐释和宣传兵团的深度价值，通过深度价值引导提升消费者对兵团农业品牌的忠诚度，大力开发兵团农产品品牌的深度价值。

参考文献

艾·里斯，劳拉·里斯，2019. 定位 [M]. 北京：机械工业出版社.

陈欢，陈澄波，2018. 新零售进化论 [M]. 北京：中信出版社.

陈露露，2019. 地区开展"阿克苏苹果"打假维权专项行动 [N]. 阿克苏日报：02-13.

谌飞龙，程月明，周泽宇，2013. 产业集群条件下区域品牌的发展演变：以混沌理论为视角 [J]. 江西社会科学（10）：223-227.

戴世富，张莹，2014. 娱乐至上：互联网时代品牌传播的秘笈：以重庆青春小酒"江小白"为例 [J]. 东南传播（11）：106-108.

段淳林，2018. 从工具理性到价值理性：中国品牌精神文化价值提升战略研究 [J]. 南京社会科学（9）：111-119.

冯阳松，2016. "互联网+农业"的机会已经展现在世人面前//农业互联网：产业互联网的最后一片蓝海 [M]. 北京：机械工业出版社.

高式英，姚家万，欧阳友权，2015. 基于产业集群的政府引导型区域产业构建研究 [J]. 经济地理（4）：108-113.

关俏俏，2022. 新疆脱贫群众收入实现新增长 [EB/OL]. http://www.gov.cn/xinwen/2022-02/25/content_5675617.htm.

郭其钰，2021. 电商公司售假冒"阿克苏苹果"赔阿克苏苹果协会60万元 [EB/OL]. http://www.zj.chinanews.com.cn/jzkzj/2021-12-09/detail-ihatrmfi0058327.shtml.

何佳讯，2017. 颠覆的品牌逻辑 [J]. 清华管理评论（3）：78-84.

黑宏伟，2022. 新疆电子商务交易额增长17.1% [N]. 新疆日报：02-09.

胡晓云，程定军，刘进，2013. 中国茶叶企业产品品牌价值评估报告（2011—2013）[J]. 中国茶叶（5）：13-17.

姜蒙，2022. 让"金扁担"成色更足：看兵团如何在农业现代化建设

上持续发力 [N]. 兵团日报：04-22.

李艳军, 2014. 柳林红枣产业发展问题研究 [J]. 山西林业科技 (3)：59-60.

娄向鹏, 2018. 农产品区域品牌建设进入联合体时代 [J]. 农经 (12)：42-46.

冉隆楠, 2022. 数字化、绿色、可持续 农产品电商谋求新发展 [N]. 中国商报：04-21.

托马斯·迦得, 2016. 品牌化思维：引爆用户购买力的十五大品牌逻辑 [M]. 北京：中国友谊出版社.

万宝瑞, 2018. 发展品牌农业要把握的几个问题 [C]. //中国农业科学院农业经济与政策顾问团专家论文集. 北京：中国农业出版社.

王敏, 马纯莉, 朱竑, 2017. "互联网+"时代下的乡村地方品牌建构：以从化市良口镇三村为例 [J]. 经济地理 (1)：115-122.

姚春玲, 2014. 内蒙古农产品区域品牌竞争力提升研究 [D]. 哈尔滨：东北林业大学.

姚春玲, 2015. 内蒙古农产品区域品牌建设及存在问题分析 [J]. 内蒙古财经大学学报 (6)：43-46.

于春玲, 李飞, 薛镭, 陈浩, 2012. 中国情境下成功品牌延伸影响因素的案例研究 [J]. 管理世界 (6)：147-162.

俞秋兰, 2012. 构建福建省区域品牌战略探讨 [J]. 辽宁经济管理干部学院（辽宁经济职业技术学院学报）(5)：36-38.

俞燕, 2015. 新疆特色农产品区域品牌：形成机理、效应及提升对策研究 [D]. 华中农业大学.

张传统, 2015. 农产品区域品牌发展研究 [D]. 北京：中国农业大学.

赵晓萌, 寇尚伟, 2015. 农业互联网：产业互联网的后一片蓝海 [M]. 北京：机械工业出版社.

Ashworth G J, Kavaratzis M, Warnaby G, 2015. Rethinking place branding: comprehensive brand development for cities and regions [M]. Switzerland: Springer.

Biel A L, 1993. How Brand Image Drives Brand Equity. Journal of Advertising Research, 6, RC6~RC1.

Björn P Jacobsen, 2012. Place brand equity: a model for establishing the effectiveness of place brands [J]. Journal of Place Management and Development (3): 253-271.

Engel J, 1993. Consumer behavior, 7th Edition [M]. Dryden Press.

Greg Kerr, Jessica Oliver, 2016. Rethinking Place Identities [C]. //Mihalis Kavaratzis. Gary Warnaby, Gregory J. Ashworth. Rethinking Place Branding, Comprehensive Brand Development for Cities and Regions. Switzerland: Springer International Publishing.

Hanna S, & Rowley J, 2012. Place Brand Practitioners' Perspectives on the Management of Brand Experience [C]. Academy of Marketing Conference.

Keller K L, 1993. Conceptualizing, Measuring, and Managing Customer-Based Brand Equity [J]. Journal of Marketing, 57, 1-22.

Kevin Lane Keller, 2013. Strategic Brand Management: Global Edition, 4th Edition [M]. Pearson.

Lopes C, Leitão J, Rengifo – Gallego J, 2018. Place branding: revealing the neglected role of agro food products [J]. International Review on Public and Nonprofit Marketing (15): 497-530.

Ranasinghe W T, Thaichon P, Ranasinghe M, 2017. An analysis of product-place co-branding: the case of Ceylon Tea [J]. Asia Pacific Journal of Marketing and Logistics (1): 200-214.

Sonya Hanna, Jennifer Rowley, 2013. Place brand practitioners' perspectives on the management and evaluation of the brand experience [J]. Town Planning Review (4): 473-493.

Vuignier R, 2017. Place branding & place marketing 1976—2016: A multidisciplinary literature review [J]. International Review on Public and Nonprofit Marketing (14): 447-473.